中华先贤人物故事汇

岳 飞

沙 爽 著

中华书局

图书在版编目（CIP）数据

岳飞/沙爽著. —北京：中华书局，2023.2（2024.10重印）
（中华先贤人物故事汇）
ISBN 978-7-101-15984-4

Ⅰ.岳… Ⅱ.沙… Ⅲ.岳飞（1103~1142）-生平事迹
Ⅳ.K825.2

中国版本图书馆 CIP 数据核字（2022）第 211804 号

书　　名	岳　飞
著　　者	沙　爽
丛 书 名	中华先贤人物故事汇
责任编辑	董邦冠
美术总监	张　旺
封面绘画	纪保超
内文插图	余晟文
责任印制	管　斌
出版发行	中华书局

（北京市丰台区太平桥西里 38 号　100073）
http://www.zhbc.com.cn
E-mail：zhbc@zhbc.com.cn

印　　刷	三河市宏达印刷有限公司
版　　次	2023 年 2 月第 1 版
	2024 年 10 月第 5 次印刷
规　　格	开本/787×1092 毫米　1/32
	印张 5½　插页 2　字数 50 千字
印　　数	11001-13000 册
国际书号	ISBN 978-7-101-15984-4
定　　价	20.00 元

出版说明

孔子周游列国，创立儒家学说；张骞出使西域，开辟丝绸之路；书圣王羲之，留下了曲水流觞的佳话；诗仙李白，写下了"举头望明月，低头思故乡"的名篇；王安石为纠正时弊，推行变法；李时珍广集博采，躬亲实践，编撰医药学名著《本草纲目》……

这些杰出的历史人物，有的是在中华民族文明进程中做出过突出贡献、对后世产生过巨大影响的思想家、政治家，有的是对中华优秀传统文化的传承传播发挥过重大作用的文学家、艺术家、科学家，有的是为国家安定统一、民族融合团结和中外文化交流做出过杰出贡献的军事家、外交家……他们为中华民族的繁荣发展做出了伟大的贡献，他们的行为事迹、风范品格为当世楷模，并垂范后世。

他们是中华民族的先贤人物。他们的思想、品德、事迹，是中华优秀传统文化的结晶；他们的故事，是对中华民族的禀赋、特点和气质最生动、最鲜活的阐释；他们的名字，在五千年中华文明史上最为光彩夺目；他们为五千年中华文明史书写了最为光辉灿烂的篇章。

为了解先贤，走近先贤，我们精心组织编写了这套《中华先贤人物故事汇》丛书，以翔实可靠的史料为依据，细腻动人的故事为载体，真实地呈现中华先贤人物的事迹、品格和精神风貌，彰显他们的贡献和功绩，激发人们对国家民族的热爱，对中华文明、中华优秀传统文化的崇敬。

开卷有益，期待这套丛书成为你的良师益友。

目 录

导　读

　　岳飞（1103—1142），字鹏举，相州汤阴县（今河南省安阳市汤阴县）人，南宋"中兴四将"之首，是中国历史上著名的军事家和民族英雄。

　　岳飞出身农家，天生膂力过人。他二十岁从军，因智勇双全，很快崭露头角。靖康之变，北宋亡国。此时的岳飞，不过是一个从七品的武翼郎，职卑位小，但他慷慨上书，吁请新帝赵构北上抗金，反对朝廷偏安江南，因而被革除军职。但他没有气馁，随即前往北京大名府投奔张所，再一次展现出非凡的军事才能，被破格提拔为中军统领。其脊背上"尽忠报国"的刺青，让他时刻难忘亡国之痛，立誓要驱逐鞑虏，恢复中原。

从建炎二年（1128）到绍兴三年（1133）的六年间，岳飞南下广德军，驰援常州，克复建康府，随后击败李成，平定吉州和虔州的叛乱，从一个低阶武官，逐步成长为独当一面的大将。他麾下岳家军的威名，也不胫而走。高宗赵构还御笔亲书"精忠岳飞"四个大字，命人绣成一面大旗，用作岳飞行军打仗时的大纛。

绍兴四年（1134），岳飞率军北上，收复襄汉六郡，随即移屯鄂州。是年，三十二岁的岳飞得授清远军节度使，成为南宋朝廷继吴玠之后，第二位因抗金战功而建节的大将。在此后的几年间，高宗对岳飞十分倚重，岳飞也不负厚望，率兵二次北伐，长驱伊、洛，驰援淮西，创下了南宋立国十几年从未有过的大捷。

然而，君臣同心的时日并不久长，因岳飞坚决反对与金和议，又建议立储，君臣间嫌隙渐生。绍兴十年（1140）夏秋之间，岳飞挥师北伐，挺进中原，连复蔡州、颍昌府、淮宁府、郑州、汝州、河南府等地，大败金军于郾城县与颍昌府，进军朱仙镇。高宗连发十二道金字牌诏令，急命其班师。翌年，岳飞被罢兵权，入大理寺狱，以"莫须有"的罪名，冤死狱中。

"靖康耻，犹未雪，臣子恨，何时灭？驾长车，踏破贺兰山缺。"这首力透纸背的《满江红》，与岳飞的碧血忠魂一起，千百年来，感动和激励着无数后人。

初露锋芒

一

北宋宣和四年（1122）农历九月下旬，时令已是深秋，河北西路相州（今河南省安阳市）西部的山野之间，一条通往深山的蜿蜒土路，被过往的行人与马匹踩踏得甚是坚硬，其上覆着一层薄薄的白霜。这山路宽不过五六尺，一侧是陡峭的山谷，另一侧的山坡上，参差的树木与野草枯黄凋零，一派肃杀之气。

突然，"呀，呀，呀"，伴随着几声粗嘎的鸦啼，山口处一小群寒鸦惊飞而起。紧接着，一阵急促的马蹄声，彻底打破了清晨的静寂。但听得蹄声杂沓，一行骑士转眼间已拐过山弯，延绵竟有七八十骑。驰得近了，只见这些骑在马上的青壮汉子，个个外罩一件护胸轻甲，里面的衣服却是五花八门，一时间也看不出是什么来路。

这一行人接连拐过两个岔路口，远远地见前方山路和一侧的灌木丛中，乌压压百余号人，有的骑马，有的徒步，手上皆提了刀枪，背负箭弩，严阵以待。

两队人马尚距离一箭之地，来人纷纷勒住马头。最前面的那人三十往上年纪，上唇留着两撇短髭，看上去颇为老成，只听他高声问道："陶俊、贾进何在？"

这边一个络腮胡子的大汉一挺胸膛，应声道："俺贾进行不更名，坐不改姓。"一指旁边长脸的汉子，"这便是俺大哥陶俊。你们是何许人？"

"我等乃是真定府刘大人麾下敢战士，今日特奉命捉拿你们这帮山贼，识相的还不快快下马受缚！"

陶俊嘿嘿笑了两声，将手一挥，众喽啰发一声呐喊，徒步者挽弓搭箭，骑马的挥刀上前。然而山路狭窄，仅容两三骑并行，实在是施展不开。几个回合下来，居高临下的山寇明显占了上风，自称是敢战士的骑兵则步步后退。这一退，情势越发不妙，一旦战马失蹄，便有连人带马滚落山谷的危险。众骑兵遂纷纷拨转马头，向山下疾奔。

陶俊见对方败退，当即向贾进示意，贾进打一声响亮的口哨，驱马疾追。那原本埋伏在暗处的山贼，听得首领的口哨暗号，也自藏身处一跃而出，奋力追下山去，准备到山脚开阔处围堵全歼这一小队官兵。

那贾进一马当先，第一个冲到山脚，眼看着离落在最后面的那名敢战士越来越近，当下一夹马腹，探身向前，挥起手中钢刀，便要向那人头颈斩去。

不料那人仿佛背后生着眼睛一般，不等钢刀落下，倏地一个回马枪，枪尖正中贾进右臂。贾进"啊呀"一声，手中钢刀当啷啷落地。那战士顺势横枪一扫，将贾进扫下马来，重重跌在地上。

随后冲下山来的众山寇见二首领落败，正要冲上前搭救，不料树林里一声呐喊，呼啦啦冲出一大队官兵，顷刻将众寇团团围在正中，几柄长枪大刀同时指在贾进身上，逼得他半毫动弹不得。

这时陶俊也已驰到山口，未等他看清眼前情境，紧随在他身后的山寇中冲出二人，其中一人翻转刀身，将刀背向陶俊肩臂猛力一砍，陶俊猝不及防，栽下马来，他正待翻身站起，早被另一人用刀尖指住咽喉。

这一切发生在电光石火之间。众山寇眼睁睁看着两个头领落入敌手，一时都呆若木鸡。有几个反应快的，悄悄拨转马头，便要趁机逃回山中。先前将贾进扫落马下的那位青年兵士早看在眼里，反手自背上取下一支响箭，那箭带着尖利的哨音，不偏不倚，正中逃在最前面的山寇头顶。那山寇听得脑后哨音呜咽，心知要糟，还未及作出反应，只觉头顶一凉，不由得"哇呀"惊叫，胯下马匹受惊前蹿，将他四仰八叉摔下马来。众人先是大惊，只道他头部中箭，性命必已不保，随即见他一面"哎哟哎哟"地乱叫，一面手脚舞动，挣扎着想要爬起来，头顶发髻正中插着那支响箭，倒像一柄插错了方向的古怪发簪一般，又是狼狈，又是滑稽，众人忍不住笑出声来。

那青年军士露了这一手箭法，众山寇心知他手下留情，哪里还敢乱动，都扭头向他望去。只见他不过弱冠年纪，脸庞方正，肤色微黑，竟似长年在田间地头劳作的农夫。两道浓眉，眼睛不大，却是黑白分明，顾盼之间，炯炯有威。先前在山上遭遇时，众人见他与那上唇留有短髭的壮年人并辔而行，始终默声不响，只道他是那人的卫士之流，哪里想到他这样年轻，竟然是这一队官兵的头领。

只听他清清嗓子，朗声说道："众位莫怕，今日我等奉命擒拿主犯陶俊、贾进，其余人等，刘大人情知各位多是迫于生计，这才落草为寇，本也非是长计。如今我们大宋国出征辽国，正是用人之时，众位若是有意，何不弃暗投明，与我等并肩作战，为国效力？今日麻烦众位先跟我们回府衙复命，待刘大人当面审议，到时候是留是去，便由各位自行决断。"

众寇听他说得客气，而己方首领受制，逃又逃不脱，打则群龙无首，全无胜算，一个个只得叹息一声，弃了手中兵器。

二

二百名敢战士押送着四五百名山寇，浩浩荡荡回到真定府（今河北省正定县）。知府刘韐早得到通报，满脸喜气地迎出来，一把抓住迎面走来的那人手臂："岳飞啊岳飞，你可真正是兵不血刃，就为国为民除了一个大害！"

被称作岳飞的，正是那位将贾进扫落马下，随即射出一支响箭，震慑住一众亡命山寇的青年军士，这年他刚满二十岁。

岳飞出生之时，他母亲姚氏年近四十，已是大龄产妇。岳飞的父亲岳和，忧心妻子能否顺利分娩，心中焦躁，正自在院子里踱来踱去，忽见一只大鸟飞落在自家的屋脊之上，昂首长鸣数声，振翅飞去。便在此时，屋中传出了婴儿嘹亮的啼哭之声，岳和高高悬着的一颗心总算落地。在此之前，他与姚氏先后生育过四个儿子，可惜均在出生不久后夭亡。因此，这孩子乳名就唤作五郎，等到他安然度过了一周岁，夫妻俩才舒了口气。岳和给这个孩子取名岳飞。男子二十而冠，到了该取表字的年纪，岳飞又为自己取表字"鹏举"。

岳家世居相州汤阴县永和乡，祖祖辈辈务农为生。到了岳和这一代，家中还有几十亩薄田，虽说打不了多少粮食，总还可以勉强维持温饱。岳飞出生后两年，姚氏又生了一个儿子，取名岳翻。夫妻俩中年连得二子，简直要喜极而泣，越发日夜苦作，但求将两个儿子抚育成人。岳飞长到十六岁上，岳和便按照当地的风俗，为他请人说媒，娶了一个刘姓女子为妻。婚后翌年，刘氏生下长子岳云。

这期间，相州天灾不断，庄稼歉收，税赋却是半点少缴不得。岳家不得不抵押田地，向人告贷，以求渡过眼前难关。然而时乖运蹇，借款无法偿还，仅有的薄田也典卖殆尽。眼看着家道日渐艰窘，作为家中长子，婚后不久，岳飞就忍痛离开父母妻子，外出谋生。

他先是到安阳县做了韩氏家族的一名佃户。这韩家乃是大宋三朝宰相韩琦的后人，家世煊赫，田产极多。岳飞租借了韩家的田地，日日勤耕苦作，然而除去缴纳田租，所余也就勉强果腹而已，完全无法改善家中的经济状况。无奈之下，他只得又回到故乡汤阴。

这时正值大宋军队第二次征辽失败，因担心辽军南下侵袭，真定府知府刘韐决定招募一批勇猛善战的"敢战士"，对敌时可作为机动部队，发挥意想不到的威力。岳家的乡邻之中，便有几个青壮汉子彼此相约，准备同往应募。

当下岳家人几番商量，都觉得从军不失为一条出路。因为岳飞生来身强体壮，再加上常年的田间劳作，磨炼得膂力过人。还在年少时，岳飞就对练武产生了深厚兴趣，他曾经向乡邻中一位叫周同的神箭手学习射箭，没几日便掌握了其中要领，此后一有余暇，便反复练习，终于练出了一手百发百中的好箭法。但是弓箭只适合远攻，真正对阵杀敌之时，还需要练就一件称手的兵器。

听说外孙准备投军，外公姚大翁辗转托人，让岳飞拜当地的名枪手陈广为师，学习枪法。时间紧促，岳飞日夜苦练，将一套枪法练到纯熟，便与几位同乡收拾行装，奔赴真定府。

刘韐对这批敢战士颇寄厚望，亲自选拔。在校场上，岳飞射出连珠三箭，皆中靶心。他回到兵器架旁，取下一杆长枪，先做了一招"大漠孤烟"起式，随即"长河落日""横扫千军"，一招一式施展开来。在前往真定府的路途中，他见路旁的大树枝条在劲风中狂舞，突然悟出了几个长枪招式，便一路琢磨着如何将它们融入师父教授的枪法之中，今日正好演练出来。他舞到兴起，一杆枪点、刺、扫、挑、拦、拨、劈、掀、圈、缠，早忘了每人一炷香的演武时限。旁观的众人但见那一杆铁枪化作若干道虚影，时而如苍龙腾舞，时而迸出点点寒星。这场演武本是十人一组，另外九人演武完毕，也顾不得回到场边，都呆立在原地观看。岳飞把这套师授加自创的枪法演练了两遍，只觉得得心应手一气呵成，这才收住招式，拱手施礼。众人回过神来，不禁轰然叫好。

这个憨厚中透着英武的农家青年，给刘韐留下

岳飞把这套师授加自创的枪法演练了两遍，只觉得得心应手
一气呵成，这才收住招式。

了深刻印象。

三

辽军并未南下侵宋，这让刘韐舒了一口长气，他将目光转向了辖境内的数股盗匪。

听刘韐说打算派兵剿匪，岳飞当即主动请缨。

作为相州人，岳飞早就听说过以陶俊和贾进为首的这伙乱贼。据说那陶俊原是乡间的一个泼皮，学过些棍棒拳脚，为人极富心计，而贾进则是武师出身，善使双刀。这二人合作默契，势力日渐壮大，不仅打家劫舍，还劫掠官中物资，一时间横行乡里，称霸一方。前任知府曾几次派兵围剿，然而山中地势复杂，易守难攻，官兵进山后又无法摆开阵地，只能徒呼奈何。

岳飞请求刘韐拨给他二百名兵士。刘韐暗自摇头，心想这年轻人虽是武艺出众，到底没经过什么阵仗——先前出动近千官兵尚且无功而返，区区二百名兵士如何攻得下来？

但岳飞早有对策，当下他把自己的想法一说，刘韐觉得倒也可行，便由他去筹措施行。

岳飞在二百名兵士中，挑选出三十个机灵持重之人，让他们假扮成商旅，经过匪众每常出没的道路，故意被其俘虏进山营，有的充任杂役，有的做了骑兵。他们借由下山采买之机，将山中地势图及住处哨卡等一应情报，传递给岳飞。

到了约定之期，岳飞让众兵士只着家常衣服，分成数拨出发，以免引人注意。到了山脚下，这才将携带的轻甲穿在身上。他令百名兵士埋伏在山下树林之中，自己率其余兵士上山佯战，果然将大队盗匪引下山来。所余山中匪众，不过是些杂役和零星哨兵，或被留在山上的敢战士收服，或就地打发回乡。

初次投军即立功扬名，岳飞意气风发，然而正当此时，家中托人捎来急信，说是岳和病重。待岳飞连夜赶到家乡，见到强撑着一口气等着见他最后一面的老父，忍不住泪如雨下。

敢战士队伍本是临时招募，并不属于朝廷的正式军队，因而，就在岳飞回乡后不久，便传来了敢战士被裁撤遣散的消息。

四

大水终于退去了，望着田地里沤烂发黑的庄稼，乡亲们欲哭无泪。

这是宣和六年（1124）夏秋之交，岳飞三年孝期（依常例实为二十七个月）将满。未来的日子何去何从？这些天里，他一直在为这个问题发愁。

"五郎，你知道不？州府里又在招兵啦。"这一天，隔壁的周三哥从邻村的丈人家回来，在村口碰见岳飞，赶紧告诉他这个消息。

"啊！可是我孝期还有三个多月才满，不知那时……？"

"嗨，这个好办，你去找保正为你具个保，先把名儿报上，等孝期满了再去投军。"

"好啊，我一会儿跟我娘和兄弟商量商量。"岳飞的心思被说活了。

"但是可有一遭儿，这个'招刺'，是要在脸上刺字，怕大伙儿领了军饷就开溜呢。"周三哥扯着嘴角边上的一绺胡子，牙疼似的咧着嘴。

"这……"岳飞皱紧眉头。他不是没有听说

过，只是一时高兴，竟然忘了这茬。

"不过，我听说，要是武艺高强的，可以报名去当效用士，这个军饷更高，只在手背上刺字。"

岳飞紧皱的眉头舒展开了一些。

几个月后，岳飞如愿成为一名效用士，带着妻儿来到河东路平定军军营，做了一名骑兵。

翌年（1125）十一月，金国在吞灭辽国之后，经过休整，正式挥师南下，兵分两路。完颜宗翰率领的西路军直抵太原城下，守卫太原的大宋军队拼死抵抗，六万金军攻城不下，便采用围城战略，将太原城围了个水泄不通。

岳飞所在的平定军戍守的区域，与太原毗邻。眼见金军围困太原城，想到城中的战友与无辜百姓，岳飞忧心如焚。然而，他只是一个卑微的骑兵偏校，连武官的品级都没有，他有什么办法去解救自己的同胞？

转年到了六月。这天一早，岳飞得到上司命令，让他带领一百多名骑兵，到太原府下辖的寿阳县和榆次县侦察。

虽然向他密授此令的季团练使并未说明个中缘

由，但岳飞已经听说了，刘韐业已争取到朝廷之命，准备带军去救援太原。

事不宜迟，他当即通知手下军士。简短的准备后，一队人马即开始向寿阳县进发。

正值盛夏，路两旁的大片田畴，此时本该是麦浪翻滚，蔬果飘香，然而此刻，农户们要么离家逃难，要么被金军抓去做了奴隶，这些田地均已荒芜，只余疯长的野草和单调的声声虫唱。

岳飞正自叹息，旁边的兵士忽然"咦"了一声，岳飞扭头向他看去，却见他目瞪口呆，手中的马鞭直指前方——真是冤家路窄，一队金军骑兵正迎面飞驰而来。

军士们各个吸了口冷气。

岳飞凝目观瞧，说道："兄弟们莫慌，他们不过五六十人，远不如咱们人多。这里离县城尚远，想必附近没有军营。咱们要速战速决，到时候听我号令。"

见迎面而来的宋军竟然没有调头逃遁，金军骑兵兴奋得哇哇乱叫，打马加速疾冲过来。

岳飞一马当先，冲入金军阵中，手中的铁枪舞动如飞，招招致敌死命，眨眼间刺中六七名金兵的咽喉。鲜血狂喷，染红了他的轻甲和战袍。

金兵们何曾见过如此神勇的宋国军人？一时都惊得呆了。

军士们豪气顿生，不知谁大喊了一声："杀啊!"各自挥舞兵器，策马冲向金兵。

金兵气焰顿失，节节败退，忽地发一声喊，纷纷拨转马头，落荒而逃。

半壁河山

一

战马嘶鸣，杀声震天。到处都是金兵，重甲包裹的铁浮屠宛如一群人首马身的怪兽。岳飞挥舞着手中的四刃铁锏，横砍竖砸，金铁交鸣之间，夹杂着声声惨叫和闷哼。突然，眼前铁浮屠坐下的战马前蹄跃起，一个幼儿四肢着地，自马蹄下疾速爬行而出。一瞥之下，他不由得大惊："雷儿！"

他醒过来，一颗心犹自怦怦急跳，两臂酸麻，仿佛还残留着铁锏与重甲相击时的震颤。身旁的妻子搂着不满周岁的二儿子睡得正香。他坐起来，借着窗纸透进来的朦胧月光，探身向儿子的脸上瞧了几瞧，轻轻地替母子俩掖了掖被角。

冬夜寒凉，他重又躺下，裹紧被子，却再也睡不着了。

数月之前，太原城失守，守将王禀战死，而城中的数十万百姓，已在八个多月的金军围城中饿死大半。消息传来，平定军将士惊痛交集，岳飞的心头陡然涌起一股凝重悲壮之气，他明白，接下来，平定军将迎来一场恶战。

果然，完颜宗翰率军前来攻打平定军城。城中将士正满腔悲愤无处发泄，金兵找上门来，岂肯放过？几场战斗下来，金兵被打得落花流水一般。完颜宗望派来重兵驰援，金军在平定军城前摆开阵势，步兵居中，拐子马（轻型与中型骑兵）布于两翼，铁浮屠压阵。激战之际，金军步兵退却，转而以铁浮屠冲锋。那铁浮屠连人带马皆披挂数十斤重的铠甲，骑兵只露出一双眼睛，远望真如一片铁塔森林，令人骇然。在这片铁塔面前，岳飞最趁手的长枪完全失去了用场。与铁浮屠的第一个照面，平定军就吃了败仗。将士们紧急商议，决定改用重斧来对付铁浮屠。岳飞则选择了一对四刃铁锏，这锏由镔铁煅就，十余斤重，四棱皆为利刃，不似铁斧那般笨重，对付金军的拐子马最是有用，对铁浮屠的杀伤力虽不及重斧，但仗着他自身过人的膂力，也足以伤敌。

最后的那一场战斗，平定军的兵力已明显处于劣势。到后来，真的是兵败如山倒啊，战友们纷纷倒下，无主的战马有的四处狂奔，有的倒在血泊中悲声嘶鸣。他杀红了眼，直到胯下的战马轰然跪倒在地，才发现坐骑的前腿不知何时已然受伤，流血不止。他不记得自己怎样又跃上了一匹无主的战马，不记得自己又砍翻了多少金兵，直到收兵的铜锣声铿然响起，他才猛然惊觉，周遭血腥之气扑鼻，熏人欲呕。当夜，残余的平定军兵士护送城中家眷退出军营，举目茫然，无处奔投，只得各寻去处。他忧念家中的老母，再看看妻子怀中刚满七个月的幼子岳雷，和身旁紧紧扯着他衣襟的岳云，决定先携妻儿还乡。一家人随着逃难的人群一路南行，所经之处，但见昔日繁华的城镇十室九空，真正是山河破碎，满目疮痍。待回到家乡，见到母亲的那一刹那，他心头竟生出恍如隔世之感。

平定军在与金军的战事中伤亡惨重，妻子刘氏在军营中，日日见那些阵亡将士的家属哀哀恸哭，生恐岳飞也会陡生不测，每一天都在担惊受怕中度过。再加上逃难途上风餐露宿，受了许多苦楚，每每与婆婆和邻家妇人们说起，仍忍不住哽咽垂泪。岳飞心知妻子渴望从此过上安稳的生活，那么此后，就留在汤阴奉养高堂，抚育幼子，安安稳稳地度过余生吧？

然而他的心，仿佛总是被一匹固执的战马驮着，驰骋在远方的战场上。尤其几天前，消息传来，武翼大夫刘浩正在相州城里招募兵士，收编溃军。如此，他是去是留？

岳飞在榻上辗转反侧，耳听着妻儿深长的呼吸声，心念电转，此去从戎的理由有千千万，而留下来的理由也有万万千……好不容易挨到天色微明，他爬起来，轻手轻脚地穿好衣服，开始清扫院子。

母亲姚氏闻声，披衣起床，见儿子埋头扫地，刚刚扫过的地方，回头又扫了一遍，完全是心不在焉。姚氏摇摇头，轻轻叹了口气。知子莫如母，几日来儿子神思恍惚，当母亲的怎会不明白他的心事？

姚氏走过去，轻唤一声："五郎！"

岳飞如梦方醒，这才发现母亲站在身边。"娘，怎么这么早就起来了？"

姚氏说："你看你，灰扫到脚背上了都不知道——是在想那个刘大人招兵的事吧？"

岳飞被母亲说中心事，垂首不语。

"想去就去吧。你爹爹活着的时候，一心盼望着你能立下军功，出人头地，可惜他……"姚氏扭开脸，叹口气，又接着说，"你媳妇儿那里，娘去好好和她说说。"

"娘！"岳飞眼中一热，"可是您——"

姚氏摆摆手："你娘身体还硬朗着呢，再说了，家里还有六郎帮着照看。虽说娘大字不识一个，却也知道国家有难，好儿郎就要尽忠报国。"

"尽忠报国，尽忠报国。儿子记下了"。说着，岳飞的眼神蓦地一亮，脸上现出孩子气的笑容，"娘，我想把这四个字纹在身上，您看怎么样？"

"纹在哪？"姚氏下意识地看了看儿子的

手臂。

"背上吧,这样字可以大一些。"

姚氏略一沉吟,端详着儿子的神色。"也好,那一会儿等六郎起来,让他去陈庄请那边的陈全师傅,看看人家明天有没有空过来,都说他用的颜料好,手又轻灵。"

"嗨,这点小事儿,还用得着劳动六弟跑一趟?我今天自己去,纹完就回来,岂不省事?"

姚氏嗔怪地瞪了儿子一眼:"真是年轻人不知利害!这天寒地冻的,平常人家哪舍得烧柴,谁家不是冰窖似的?纹这个一时半会儿又纹不完,冻也冻出个好歹。再走十里地出上一身汗,不知道要蜇得多疼……"

"哎呀我的娘,我哪里就那么娇气了——"岳飞还待要说,但见母亲神色坚决,只得点头应承,"好好好,听您的。"

二

这是岳飞第三次从戎。但在他的心里,感觉已是大不相同。脊背上"尽忠报国"的刺青，结痂刚刚脱落，痛痒渐消，反手抚摸，仍能感觉到笔画间的细小凹凸。之前的两次从军，主要出于生活所迫；而这一次，他真正感觉到自己成了一个保家卫国的战士。

进入军营后，岳飞才得知，早在京城被金兵围困之前，康王赵构因受命前往完颜宗望军中议和，幸而未受困于京城，如今已到了相州。钦宗皇帝通过蜡丸传书，任命赵构为河北兵马大元帅，中山知府陈遘为元帅，相州知州汪伯彦、磁州知州宗泽为副元帅，负责举兵前往解救京城之困。赵构将所有兵马分编为前、后、中、左、右五军，岳飞编在前军统制刘浩麾下。

赵构担心自己会成为金军围剿的目标，打算让刘浩率兵南下濬州（今河南浚县西北）、滑州（今河南滑县），对外宣称自己亲自指挥这支南下勤王之师，以此吸引金军主力。待前军开拔之后，自己再随汪伯彦军队北上前往北京大名府（今河北大名县东）。

赵构与汪伯彦计议已定，便召集五军统制商

议，只将自己打算随汪伯彦军北上大名府一事略去不提。刘浩领命后，决定先派一支得力的骑兵，前往滑州侦察情况。

派谁去呢？刘浩第一个想到的便是岳飞。

起初，对这个前来投军的农家青年，刘浩并未留意，只随口问他军中经历，待听他自述曾经带队收服以陶俊、贾进为首的一伙山贼，这才凝目向这青年打量了两眼。但见他面相憨厚，神色中却透出有别于常人的坚定和刚毅，不禁心下一动。

当是时，相州城附近的一拨盗匪，颇让刘浩头疼。为首者名叫吉倩，武艺出众，手下又有几个得力的头目，个个都是心狠手辣的亡命之徒。周围的无赖泼皮、破产农户纷纷前往投奔，转眼间壮大起来，据说眼下已达五六百人之众。

既然岳飞此前已有相关经验，刘浩便决定派他带兵去剿灭这伙盗匪。为保险起见，刘浩派出一千员人马，务求以优势兵力将其一举剿灭。

岳飞领命而去，两天后，便带着吉倩及其手下几个头目回来复命，称共有三百八十名匪徒愿随吉倩归降，从此改邪归正，为朝廷效力，恳请刘浩宽恕吉倩等人既往之过，允许其戴罪立功。

刘浩又惊又喜又忧，惊的是剿灭战如此之快便告了结，喜的是正值急需用人之时意外增添了一小队兵力，忧的是这伙匪徒虽然口称归顺，但终究是粗野惯了的人，日后不知是否能听从号令。又见吉倩等人见了他昂然不跪，只抱拳施礼而已，对岳飞却是毕恭毕敬，而岳飞对整个作战经过绝口未提，反倒不住口地赞叹吉倩深明大义，让刘浩心里更是惊疑不定。

待岳飞领着吉倩等人退下，刘浩叫来此番随岳飞出战的一名小头领，这才知道了个中原委。

原来，岳飞率军到达吉倩营寨数里地外时，天色已晚。岳飞命部队原地待命，自己带着包括这位小头领在内的四名骑兵，纵马疾驰，一径冲入吉倩大营。匪众见来者不过寥寥五人，便将其团团围住。岳飞镇定自若，朗声叫道："在下岳飞，有话说与贵寨吉首领，烦相通报。"吉倩现身后，岳飞跃下马背，婉转说明来意，劝吉倩加入官军队伍，共抗金兵。吉倩直言，担心归顺后恐遭不测。二人正对答之间，不料吉倩身后突然冲出一名壮汉，二话不说，手中钢刀照着岳飞兜头便砍，岳飞侧身避过，顺势以左掌劈中壮汉后颈，那壮汉踉跄数步，险些栽倒在地。壮汉恼羞成怒，哇哇怪叫，一把钢刀舞得呜呜生风，竟是拼命一般。岳飞拔剑在手，几个回合下来，四位随行军士已然看出，这壮汉远非岳飞敌手，显见得岳飞手下留情，不想伤他性命。吉倩面色阴沉，喝道："老七，还不快回来！"那被唤作老七的壮汉一面挥刀，一面气喘吁吁应道："大……大哥！莫要听……听这骗子胡说，待……待俺宰……啊呀！"一句话未完，早被岳飞横剑拍中手腕，手中钢刀当啷啷坠地，未等他回过神来，眼前寒光一闪，冰凉的剑尖已抵上他的咽喉。

吉倩牙关紧咬，蓦地单膝跪地，抱拳求情："军爷手下留人，我等愿降！"

另外几个头目互相望了一望，也随之跪地施礼："我等愿降！"

"大哥！"那老七紫胀了脸，还待要说什么，被吉倩厉声喝住："还不赶快谢过这位军爷不杀之恩！要不是人家手下留情，你那爪子还保得住么！"

这小头领口才甚佳，讲到此处，瞪起眼睛，模仿着吉倩的口气，逗得刘浩捻须微笑，心下对岳飞越发刮目相看。

此后刘浩又命岳飞带领三百名骑兵前往**魏县**（今河北魏县东北）李固渡侦察，途中遭遇一队金兵，岳飞冲入敌阵，斩下一名枭将的首级，一举将敌军击溃，夺得几十匹战马。

胆大心细，随机应变，有勇有谋——经过这一段时间的观察，刘浩心里对岳飞有了如是评价。而这番滑州侦察事关整个前军不久后的行军路线及驻地选择等一应事宜，必须委派这样的一个人带队，方才放心。

当下刘浩让亲兵叫来岳飞，告知他大军将要进军滑县的打算。临行，刘浩命人牵来自己心爱的一匹战马，亲手将缰绳交到岳飞手上，拍拍他的臂膀："去吧！"

想到这次侦察行动将成为南下勤王计划中的重要一环，而自己也将成为勤王之师中的一员，岳飞满心振奋。脊背上"尽忠报国"的刺青仿佛一团团细小的火焰，一路炙烤着他的心。

三

太快了，太快了，一切都发生得太快了。

时辰已过三更，除了夜雨单调的淅沥之声，军营中一片岑寂。岳飞双手枕在颈下，在黑暗中大睁着眼睛，瞪着黑黢黢的篷顶。短短数月，他仿佛已度过了半世之久，那一幕幕经历，走马灯般自眼前闪过。

十二月，他随着刘浩到达濬州。整个行军途中，大军走走停停，已然让他感觉到事情有些不太对头。随即，在军士们的窃窃私语中，他的疑惑和猜测得到了证实：除了他们这支二千五百人的前军部队，大军主力并没有南下。果然，当派出的五百名前锋部队在黄河南岸受挫，刘浩便调转马头，带领着他们北上，也是直到那时候，岳飞才知道，康王不仅并未南下，反倒是在前军南下之后，率军离开相州，辗转奔赴大名府。

之后，他听到了那个最怕听到的消息：金军已经占领了相州！自然汤阴也未能幸免。

那时他正在北上的途中，这徒劳的一往一返让他的心备感煎熬。他一再自问：岳飞啊岳飞，你这是在做什么？保家？家乡已然沦陷，老母、兄弟与妻儿生死不明；卫国？国君与百姓困守东京，你却一步步把他们远远地抛在身后……这时，一个念头闪电般掠过他的心头：如果有一支自己的军队就好了！

那时他没有想到，更糟糕的事情，还在后头。

到了大名府，短暂的休整之后，他终于盼来了再一次南征勤王。这一次，南征军由副元帅宗泽率领，一路经开德府（今河南濮阳市）到达曹州（今山东菏泽市南），之后又转战定陶县（今山东定陶县）。连着十几场与金军恶战，南征军场场大胜。尤其是曹州的那一战，混战中他的头盔掉落，幞头也松散开来，他就那样浑身血渍披头散发地冲在前面，落败的金兵逃得像一群失魂落魄的兔子，他则一口气追出了几十里地。事后，兄弟们都打趣他，说他岂止是"敢死"，简直就是一尊凶神恶煞，别说金兵，阎王爷见了也要双腿打颤。

但奇怪的是，到了定陶，康王却下令，将他们这个前军部队划归节制军马兼副元帅黄潜善麾下。那之后，他们就再未打过什么仗。

再之后，就是那个天塌地陷的日子了——金军将开封城中的金银财宝搜刮净尽之后，竟然掳走了老皇帝、今皇帝和皇族、朝臣、百工等三千余众！

消息传至营中，兄弟们有的呆若木鸡，有的失声痛哭。岳飞的牙齿咬得嘎嘣作响，汹涌的狂怒几乎胀破了他的胸膛。

这国恨家仇，这奇耻大辱，他一定要报！他一定要百倍千倍地还回去！

但是，好像天也没塌，地也没陷。紧接着，康王登基，改元建炎，大宋王朝有了它的第十位皇帝。新的朝廷也组建起来了。一切，都像戏中演的那样快。

只是，大宋的河山仿佛被狠狠地切了一刀，只剩下了南方的这一半。

就在几天前，军中又有了新的传言：金军又要南下攻宋了。朝廷上，三位宰执大臣却主张南迁避敌。刚开始听到这个小道消息，他只是一笑置之，因为他根本不信。而且，就算大臣们有这个意思，新即位不久的皇帝也必定不会同意。父兄与亲族被掳北去，哪个堂堂须眉能坐视不救？即便暂时避其锋芒，也必是为了养精蓄锐，力图恢复。

然而，消息越传越真，直到昨天，他听说皇上已颁下手书，准备要"巡幸东南"。

当时他听到这里，调头便走。他知道此事极可能是真的了，但仍然感到难以置信。他去找刘浩证实，而刘浩只是摇头叹息，欲言又止。

二圣蒙尘，山河破碎，十万热血男儿，焉能苟安一隅？不，他要上书新帝，直陈胸臆，略云：

　　陛下已登大宝，从此黎民百姓有了归宿，大宋社稷有了明主，足以具备了讨伐金人的大谋。如今勤王之师日益汇集，兵势日渐强盛。金人一直以为我们兵力疲弱，并非他们的敌手，趁着他们懈怠之时，正可以打他个措手不及。而李纲、黄潜善、汪伯彦等人不能秉承陛下的意图，收复北方的疆土，迎得二圣南归……当今之计，最上策便是请您圣驾返回京城，废除东南巡幸之诏，趁二圣蒙尘未久，敌方的巢穴尚未稳固，亲自率领六军，迤逦北渡，如此一来，天威所至，将帅一心，士卒一鼓作气，收复中原指日可待。

写罢这份洋洋数言的《南京上皇帝书》，岳飞长长吁出一口气，仿佛吐出了心中块垒。

岳飞不知道的是，作为一名职卑位小的武将，他无从得知真正的内情，错怪了李纲。其实李纲是反对南迁的，但是赵构的意图与黄潜善、汪伯彦一样，认为越往南越安全，李纲无力扭转大局。

自太祖赵匡胤建朝而始，宋代朝廷一向是抑武崇文，武官被视为粗人，不允许参与政事。如今，一个小小的武官竟然胆敢越职上书，甚至批评宰辅，真正是胆大妄为！很快，岳飞便受到了"小臣越职，非所宜言，夺官归田里"的处分，被革除军职，逐出军营。

在此之前，从招降吉倩有功被晋升为从九品承信郎而始，其后李固渡之战、滑州之战，以及在开德府和曹州诸战中屡立战功，岳飞一路连升为从七品的武翼郎。这些以鲜血换来的荣誉，如今也被一并抹去。

背着一个小小的包裹，岳飞只身步出军营，营门在他的身后訇然关闭。头顶上，烈日当空，他的心中，却是一派肃杀寒凉。

他回首向着军营怅然一望，然后缓缓转身，向渡口走去。

他的目的地，在北方。

勇士之泪

一

秋八月，北方暑气初退，蓝天高远，空气中隐隐飘荡着一股初秋特有的辛凉气息。

这一日，北京大名府的河北西路招抚司门前，来了一个风尘仆仆的青年，求见招抚使张所。

守门的军士问他受谁人派遣，见招抚使有何贵干？这青年说，他前来投军，并非受人指派。投军自有专门机构接收，为何偏要见最高长官？

但是第二天，这青年又来了。

直到第三天，他才被带到张所面前。他说自己如何三次从军，如何上书直言，如何被削没军籍。张所似听非听，始终默然不语。那青年说完了，屏住呼吸，听候发落。张所这才抬起眼来，看了看他，招过亲兵，命留这青年帐前使唤，暂充效用士。

就这样，大宋的军营中，又有了一个叫岳飞的军人。

招抚司后园有一只大石桌，围桌六只石鼓作凳，岳飞初见时便留上了心。为避免惊动旁人，他天明即起，轻轻拔起一只石鼓，以单手托住鼓身，举过头顶。手臂一屈一伸之间，肌肉鼓胀，周身血液奔涌，十余下，汗水滚滚而出，让他感觉十分惬意。正举得兴起，不提防身后有人一拍手："力拔山兮气盖世——好臂力！"

岳飞将石鼓放回原处，转过身来，见那说话的中年人文士打扮，长眉修目，气质儒雅。

"先生见笑了。只是，那楚霸王有勇无谋，终是算不得英雄。"

文士名叫赵九龄，乃是招抚司中的幕僚。两人随口一聊，竟然很是投契。几番深谈下来，赵九龄大为讶异。他开始极力向张所推荐岳飞："此人真

岳飞天明即起，轻轻拔起一只石鼓，以单手托住鼓身，举过头顶。

的是一个天下奇才！初时我听他说，因为幼时家贫，只上过两年冬学，想来也只不过勉强认得几个字。哪知道他这些年来无论务农还是从军，但有一时空闲，便要读书，不仅熟读兵法，竟然还能诗能文，更写得一手上好的字。这样能文能武的人，实在罕见！"

张所召来岳飞，问："听说你当年跟从宗泽留守时，勇冠三军，你自忖一个人能抵挡住几个敌兵？"

岳飞轻轻摇头："恕属下直言。匹夫之勇算不得什么，用兵首要靠的是谋略。智谋，才是战争中决定胜负的关键。所以作为一个将领，不怕他无勇，怕的是无谋。"

见张所点头沉吟，岳飞又说："《孙子兵法》中有言，'上兵伐谋，其次伐交'，战争之道，以智谋取胜者为上，其次是以外交策略瓦解敌兵。至于用兵和攻城，更在这二者之下了。"

听到这里，饱读经史的张所也不禁叹服："岳飞啊，你哪里是一个行伍之人呀！"

随后，张所将岳飞破格提拔，借补修武郎，充任中军统领，不久又升任统制，隶属在都统制王彦麾下。当是时，位于河北西路最南端的卫州（今河南卫辉市）、怀州（今河南沁阳市）和浚州（今河南浚县）均已被金军占领，时刻威胁着东京开封府和西京河南府（今河南洛阳市）的安全。因此，这年九月，王彦率岳飞等麾下诸将辞别张所，统领七千兵马，前往收复卫、怀、浚三州。

再次出征，岳飞心潮激荡。他哪里会想到，他与张所这一别，便是一生。

二

山风遒劲，虽是正午时分，仍觉寒气逼人。眼前的太行山，翠叶凋零，枫红如血。

风，隐隐捎来几声战马的悲鸣。那声音如刀，一声声，割在岳飞的心上。

自新乡（今河南新乡市）战败突围后，他带着手下的这支小部队苦战在太行山中，至今已有月余。粮草断绝，冬衣无着，将士们不得不杀战马充饥，眼见得已到了山穷水尽的境地，如何挨得过太行山中的漫长寒冬？

这一切，是你的错。一个声音说。

不，不是这样。另一个微弱的声音试图辩解。

那时他们的队伍进入了卫州境内，驻扎在石门山下，等待后面的粮草到来。然而，他们等来的，不是后勤的粮草，而是一个惊雷般的消息：

他们的部队刚开拔不久，张所的贬谪令就到了大名府！而贬谪之地，竟是遥远的岭南。

早在高宗赵构登基之初，在朝中担任监察御史的张所就曾上书反对南渡，他直指主张南迁的黄潜善和汪伯彦为"奸邪"，请求高宗回銮东京，以振北伐民心，因而遭到了贬黜。幸亏得到李纲力保，方才被朝廷起用。而今，仅当了七十五天宰相的李纲已遭弹劾而罢相，他苦心经营的北伐大业也化为乌有。

为什么？为什么会这样？为什么像张所这样一位兢兢业业为国为民的正直大臣，竟然遭此噩运？自己又如何报答他的知遇之恩？

失去了后援，部队又当何去何从？十几位部将的眼睛，齐齐望向主将王彦。

王彦命人向各处传送榜帖，号召附近的民众支援部队，一面颁下严令，但凡军中将卒，在没有主将之令的情况下，一律不许对金军发动挑战或进攻。

几次请求出战都被王彦否决，岳飞心下气闷。

"身为臣子，我等之责便是要收复失地，直捣黄龙府，迎接二帝归国。"这一天，岳飞再一次请缨遭拒，情绪激动。"为什么我们要如此畏首畏尾、踟蹰不前？莫非——"他用上了激将法，"将军当真有心附贼？"

此言一出，在场的几位将领都惊得变了脸色。

王彦冷眼向他一扫，仍旧面沉似水："知己知彼，百战不殆。在准备就绪之前，没有我的号令，谁也不许出战！"

待我攻下新乡县城，那时看你怎么说？岳飞已在心中拿定主意。

攻城之战异乎寻常地顺利，岳飞和他手下的部将不仅生擒了驻守县城的千夫长阿里孛，还一鼓作气，击败了闻讯赶来救援的百夫长王索的部队。

然而，正如王彦所担心的那样，金军随即调集起数万兵力，大举反攻。火箭如雨，顷刻间，宋军大营里烈火熊熊，潮水般的金兵冲破了外围的防御工事，王彦眼看已无法守住营寨，只得带着部将突围撤退。

往事历历，真正是不堪回首。那一战，宋军伤亡惨重，七千兵马，死的死，散的散，最终追随王彦突围的残部，只剩下七百余人。而随岳飞到达太行山中的，仅不足二百人。

他终于明白，自己误会了王彦。这位年长他十几岁的主将，绝非贪生怕死，更非首鼠两端。他已然听说，王彦带着这七百余残部已转战到共城县（今河南辉县市）的西山，每个人都在脸上刺上了"赤心报国，誓杀金贼"八个字，"八字军"的威名迅速传开，队伍正在飞快壮大。

错便是错，堂堂男儿，认错又怎么？

他心下计议已定，疾步下山，一面吩咐紧跟在身后的部下王贵："备马。"

亲兵牵来了两匹马。

岳飞对王贵摆摆手："不，我自己去。"

王贵心头涌上不祥的预感："统制这是要……

去哪里？"

"去西山。"

"使不得！"王贵死死抓住缰绳，不肯放手。

"不用担心，我自知轻重。"

听闻岳飞求见，王彦微感诧异。

岳飞施礼毕，垂手立于一旁，说明来意，恳请王彦借与手下军士果腹之粮，至于他自己，愿接受军法处置。

说话间，旁边的刘姓幕僚数次在掌心里写下"斩"字，王彦只作未见。

"依军法，你擅自出战，当斩；擅离主将，当斩。但你离我已久，今日束身自归，胆识可嘉。我不杀你，并非法外容情，只因眼下国难当头，正是用人之时。"说到这里，王彦吩咐一旁侍立的亲兵，将一大杯烈酒端与岳飞，"我自承愚钝，无能做你的主帅，喝了这酒，你就离开吧！"

三

转眼已是建炎二年（1128）四月，开封城中花红柳绿，燕啭莺啼。岳飞穿街过巷，一路走马观花，前往东京留守司面见宗泽。

经历了数月激烈的拉锯战，金兵已经退却，同时带走了开封城上空战争的阴霾。岳飞此时的心情，正如眼前的初夏一般，轻盈而明媚。

这次宗留守叫我过去做什么？虽然有些丈二和尚摸不着头脑，但他的心头全无压力。在他的意识里，这个须发如银的老人并不像个令人敬畏的上司，而更接近一个和蔼可亲的亲族长辈。

几个月前，他被王彦用一杯烈酒不软不硬地逐出营门，心下反倒释然了。打马回营的路上，西风猎猎，残阳如血，他作出了决定：南下重投东京留守宗泽。

如他所料的那样，宗泽接纳了他，要他将功补过，不许再轻率行事。岳飞也不负厚望，首次奉命侦察，便在孟州（今河南孟州市）汜水关一举击败金军。而随着战况愈演愈烈，开封城一度陷入四面受敌的险境，岳飞也投入了保卫开封外围的战斗，并且创下了"每出必捷"的佳绩，一时在军中传为美谈。

原来，宗泽叫岳飞来留守司不为别事，是希望他能好好地学习研究一下阵法。他把自己始终带在身边的几份阵图亲手交给岳飞。

"你在战场上表现的智勇和才艺，即便是古时的良将也未必能出你之右。但你的战法一向走的是野路子，眼下你只是一名副将，倒也无所谓，但等将来做了大将，这野路子并非万全之策啊。这几份阵图，你要好生看看。"

岳飞回到军营中，将那几份阵图粗略看了看，觉得用处不大，便丢在一边。但宗泽并非只是随口说说而已，过了一阵子，他又召岳飞过去，考问他修习阵法的进展。

岳飞坦率地说："我认为在战场上最重要的是能出奇制胜，让敌军既无法预测也无法辨识本军用的是哪一种阵法，这样才能取胜。每次打仗都要先排好阵法再开始战斗，这只是最常见的作战方式，但是每一场战争的形势都不相同，那么，把战术应用得巧妙灵活，全在于将官对时势的了解和判断。"

宗泽并不以为忤，他捻着长须："唔，言之有理，言之有理。"

但是岳飞发现，宗泽的精神明显不如往日。

"大人，您近日身体还好吧？"

宗泽微微一笑："无大碍，只是旧疾。"

岳飞眼中一热。他几乎忘了，眼前的老者，已然年近古稀。

宗泽的病势，越来越沉重，进入七月，竟至卧床不起。

岳飞挂念宗泽的病情，又恐日日探视打扰老人静养，每至留守司门前，又犹豫不决。听闻是岳飞来了，宗泽命人唤他近前，再一次叮嘱他，将来要替自己完成收复中原的大业。岳飞眼中含泪，连连点头。

"唉！'出师未捷身先死，长使英雄泪满襟！'"一滴浊泪，自宗泽眼角缓缓滴下。

"大人！"岳飞跪在床前，紧握住老人的手，泣不成声。

翌日，风雨如晦。泽无一语及家事，但连呼三声"过河"而薨。

四

变了，一切都变了！

宗泽病逝后，接替他担任东京留守的，是原任北京留守的杜充。

杜充甫一上任，岳飞就感觉到，一切都将与以往不同。

宗泽在世时，广纳豪杰，联系了两河、燕云以及附近州县的各路抗金义军和民间武装，收编了大量溃兵游勇乃至地方盗匪。一时间，八方来投，包括王善、杨进、王再兴、李贵、丁进等人的队伍，纷纷归附，组成了一支近百万的大军，仓中所囤的粮饷，足够大军半年之用，真正是仓廪丰实，兵强马壮。

而杜充显然根本无意于抗金，一到任，即停止了与各路豪杰的联系，断绝其供给。先是杨进、丁进两支队伍相继叛逃，随后，杜充认为张用怀有二心，遂命岳飞消灭张用所部。岳飞心知如此一来，与张用交好的王善等人必起兵相助，将掀起一场浩大内战，因而极力推辞。但杜充哪里肯容他推托？万般无奈，岳飞只得率部攻打张用，大败张用与王善军。张用引兵退却，而王善军被官军追杀，东逃西窜，最后归顺了金军。

"宗泽在则盗可使为兵，杜充用则兵皆为盗。"怎么会变成这样？岳飞痛心疾首。

如果，如果有自己的军队，再也无须违心而战，该有多好！

这样的念头，一次又一次地掠过岳飞的心头。

虽然或剿灭或驱逐了身边这些他不放心的"匪众"，杜充的焦虑却越来越严重——金人因为长居塞北，不耐暑热，因而每每选择秋冬季南下侵掠，数年来已成惯例。随着秋季的临近，杜充越发惶惶不可终日。终于，他想出了一个万全之策：让副留守郭钟荀负责留守开封，自己以"勤王"之名，率领大军南撤建康府。

接到随杜充撤往建康的军令，岳飞紧急求见杜充。

"万望留守三思而行！中原之地，纵尺寸之

微，也不敢弃之啊！社稷与宗庙，皆在开封，此处尤非他地可比。留守您手握重兵，众望所归，如果您都不肯守卫此地，其他人又哪里守得了呢？今日留守一离开，这片土地势必落入金人之手，他日若再想夺回，只怕非数十万将士以性命为代价都不可得之啊！"

说到这里，岳飞哽咽失声，涕泪长流。

独立成军

一

　　近晚时分，岳飞带着几名亲兵，照例巡查部队。自从率部到达广德军（今安徽广德县），军中粮饷越发匮乏，为避免扰民，他严令手下军士不可擅自出营，并每日亲自巡查。

　　军营中自有小集市，军士及其家属们将自己所富余之物拿出来售卖，换取所需。岳飞翻身下马，缓步自集市间穿过，见一军士侧身抱膝坐在路边，他所卖的"货物"，却是一个一二岁大的女孩。那女孩手中摇着一只小小的已经把玩得又脏又旧的布老虎，口中"呜呜呜"地学着老虎的叫声，自得其乐。

发现有人停在身旁，那军士仰起脸来，见是岳飞，慌忙起身施礼。

"这孩子……？"

那军士眼圈一红："家中孩子多，这个是最小的……偏生昨日老母又病了，急等钱用，想来想去，实在也没有别的办法。"

岳飞鼻子一酸。当日杜充不顾他冒死苦劝，急令部队南撤过江，岳飞来不及去接家中的老母和妻儿，直到部队到达建康，他才费尽周折，派人到相州接来了母亲和两个儿子——妻子刘氏已经弃家而去，改嫁他人。

"从来隔辈最亲。改日你母亲病好了，不见了最小的孙女，又怎能不伤心？"

那军士被岳飞说中心事，泪水夺眶而出。

岳飞回头，看一眼身后的几位亲兵。几人皆连连摇头。岳飞略一沉吟，命一名亲兵带那军士去找岳夫人："就说我说的，无论如何，先想办法凑出治病的钱来。"

这位岳夫人，名叫李娃，是母亲姚氏来到建

康后，请媒人为岳飞新聘的妻子。李娃大岳飞两岁，性情温顺，待岳云和岳雷视如己出，让岳飞大感安慰。

那军士连声称谢，抱起女儿，随亲兵去了。岳飞继续巡营，心绪不安。

军粮告急，包括他自己在内，军士们每日食薄粥粗粮勉强果腹，如此绝非长策。但是眼下，部队又将何去何从？

当日他随杜充南撤建康，高宗皇帝不仅没有追究杜充放弃开封之过，反而将其擢升为右丞相，并兼江、淮宣抚使，全权负责长江全线防务。秋季，金军果然又挥师南下，由建康府西南的马家渡抢渡长江。杜充命都统制陈淬率岳飞等将领统兵二万，赶往马家渡阻击，又命王燮率军一万三千负责策应。不承想，王燮不战而逃，陈淬军寡不敌众，被金兵团团围住，陈淬战死。岳飞与金军鏖战至天黑，方才勉力突围，退守到建康东北的钟山。

马家渡，马家渡！岳飞喃喃自语。这三个字，成了他的锥心之痛。

自从马家渡战败，之后一连串的事情，如同一场接连不断的噩梦。

先是杜充弃建康城而逃，被金国招降。随即，建康失守。高宗皇帝一路从临安（今浙江杭州市）逃到明州（今浙江宁波市），又从明州登船，泛舟茫茫海上。

主帅，降了金人。国君，不知所踪。

军心，乱了。有的部队做了盗匪。不断有人前来游说岳飞，要约他一起去投降金人。

投降？他心里冷笑一声。

"杜丞相都投降了呀。正所谓识时务者方为俊杰。"来人说。

"好，就烦请回去告知你们首领，尽快前来与我等会合，共商大计。"

来人满意离去。一旁的张宪早憋得脸色紫胀："统制，这这这……？！"

岳飞早知爱将心思，拍拍他的肩膀："咱们不是一直愁兵少将寡，遇上大队金兵不能正面痛击？这正是天赐良机嘛。"

张宪恍然大悟。

不久，那队溃兵如约到来，岳飞率王贵、张宪等几位亲信，全副武装，与对方出众者比试骑射武功。众人此前只是听闻岳飞勇猛过人，如今亲眼见到，尽皆心悦诚服，公推岳飞为首。岳飞让王贵查点兵籍，转向众人说道："以你们兵力之众，武功之强，完全可以为朝廷夺取中原，立下奇功，从此青史留名。而如若屈身降金，即便不死于官军斩杀，他日又有何面目还乡见父老亲族？我岳飞堂堂男子，此生绝不降金！你们中如有要投降金人的，请过来先杀了我便是！"

众人先是敬服于他武功神勇，又听他一番肺腑陈词，不觉鼓动起心中豪气，握拳长呼："愿听统制号令，报国杀敌！"

回想至此，岳飞微微一笑，旋即又紧锁眉头。

队伍倒是壮大了许多，而且与金兵数次遭遇战，全部大捷。然而军粮告罄，军饷更是无从筹措，这可如何是好？

二

正当岳飞愁眉不展之时，亲兵来报，有宜兴县

（今江苏宜兴市）林县尉求见。

这位林县尉看上去甚是干练，称受宜兴知县钱谌大人之命，前来拜见岳飞，说着，呈上钱知县的亲笔信函。

信写得十分恳切客气，说久仰岳将军威名，又闻岳家军纪律严明，深为敬仰。欢迎他率军移屯宜兴，保得县境平安，则黎民有福矣。又说宜兴自古良田沃野，如今县内的存粮足够供给一万军士十年之用。

看到这里，岳飞眼睛一亮。

他细细询问林县尉宜兴境内的匪患情况，林县尉本就负责县境内治安捕盗诸事，当下便一一道来。

原来，马家渡之战时，杜充派去拦截金兵渡江的水军中的一支，由水军统制郭吉率领，当另一位水军统制邵青正率战船与金兵作战之时，郭吉不战而逃，率军跑到宜兴，成为县境内势力颇大的一支盗匪。此外还有三支土匪，首领分别是林聚、马皋、张威武，这些土匪打家劫舍，民众深以为苦。

谈毕，天色已晚，岳飞留林县尉在军营中暂住一晚，他连夜修书一封，请林县尉翌日带回。

不久后，岳家军移屯宜兴。岳飞虽深憎郭吉不战而逃，流为寇匪，但想到他手下的兵勇和船只原是朝廷的水军，正为抗金所需，于是派人投书，劝说郭吉共抗金军。郭吉见信，知道岳飞厉害，赶紧连夜收拾细软，驾船逃跑。岳飞闻报，当即派兵堵截，俘获众匪并百余艘船只。

岳飞又写信给另外三支盗匪，劝说他们加入自己的队伍。林聚和马皋自忖非岳家军敌手，甘愿归降。而张威武撕毁来信，辱骂信使。岳飞大怒，单人独骑，连夜闯入其营地。张威武自睡梦中猛然惊醒，见自己床前凛凛然立着一个陌生汉子，这一惊非同小可，他反手抽出枕下的钢刀："谁？"

"在下岳飞。"

话音甫落，刀锋已至。

接连收编了四支盗匪，外围的匪众也不敢前来侵扰，宜兴境内清平宁靖，引得外县人也纷纷赶来定居。而岳家军的威名，从此不胫而走。

这一天，岳飞把自己关在书房里，夫人李娃端茶进来，见他手中托着自己刚刚写完的一幅字端详，那字墨迹未干，透出隐隐墨香。

"相公写的什么？"

岳飞念给她听："买田阳羡吾将老。从来只为溪山好。"并解释说："这里说的阳羡，就是宜兴。"

"真好听。相公又作诗了？"

"不是我，这诗是苏公东坡所作。苏公当年在宜兴买了一块田地，打算告老归田之用。唉，什么时候才能国泰民安，海晏河清，百姓也都可以如几十年前那般安居乐业、颐养天年？"岳飞长长叹了口气。

见夫君感伤，李娃转移开话题："呀，对了，我刚才听说，地方百姓正在为相公建造生祠呢！"

三

金军此番南下的主要目标，是捉拿宋高宗。但是高宗皇帝逃到了海上，让金军扑了个空。金军在富庶的江南大肆劫掠，满载金银细软，沿着大运河缓缓撤退，打算渡过长江回到北方，养精蓄锐，以期卷土重来。

但是韩世忠率领的南宋军队，牢牢把守着长江天险，虽然只有八千兵士，却将号称十万之师的金军堵在黄天荡（今江苏南京市东北）四十余日。建炎四年（1130）四月，因为韩世忠麾下的战舰无风不能行驶，金兵乘机用小船向舰上施放火箭，宋舰纷纷着火，韩世忠军队因而大败。

正当此时，岳飞率军赶至，与金军在清水亭展开激战，金军落败退却，岳家军一直追出十五里地，斩杀金军将领一百七十五人，俘虏军将四十五人，缴获大量的武器与战马。

而金军掘开了老鸦河，逃进建康城。岳飞则率军在建康西南的牛头山扎下营寨。

岳飞选择牛头山扎营，是因为看中了这山中林木葱茏，又有丰沛的天然泉水，可供兵马饮用。

次日，岳飞登上山头，察看周围地势，遥望不远处的钟山和建康城。半年之前，马家渡战败后，岳飞一度率部退守钟山，那时他心头哀痛交加，彷徨无计，与此刻的心境有天壤之别。他想起三国时诸葛亮盛赞建康城"钟山龙蟠，石城虎踞，此帝王之宅"，胸中豪气顿起。如此大好河山，岂能拱手让与金人？

回到营中，派出去刺探情报的士兵向他汇报消息：当韩世忠于江上阻截金军的时候，驻守在建康的金兵也一直没有闲着，他们在钟山和城南的雨花台建起营寨，开凿出两道护城河。

岳飞听着，眉头越拧越紧。看样子，金军是打算把建康作为他们往返于江南江北之间的中转之地了。

不，他一定要收复建康城，把金兵赶回北方去！

但是他知道，作为六朝古都的建康城，城高墙厚，无法强攻，必须另想战略。

这天夜里，一队百余名的军士身穿黑衣，下了牛头山，悄无声息地潜近雨花台的金军营寨，杀死寨门口打瞌睡的哨兵，分头摸进各个大帐。从同伴的惨叫中惊醒，不明就里的金兵赶紧抄起武器自卫，就在一团混战之中，黑衣人早已摸出大营，赶回牛头山去了。金兵们打了大半夜，这才发现原来是自己人在打自己人。

连续几次被夜袭和愚弄，金兵吸取了教训，在营外增派巡逻兵，流动巡夜放哨。没想到，岳家军又预先设置了埋伏，将巡逻兵一举歼灭。

岳飞采用的疲兵战术，让南下征战了近一年、本就疲惫不堪的金兵不堪其扰，领兵的金国四太子完颜宗弼犹豫再三，还是决定放弃建康，率军撤回江北。岳飞察觉到金军动向，立即亲率三百骑兵和两千步兵，下山追击。金军一心渡江北上，无意恋战，且战且退。岳飞一路追击到靖安镇渡口，战士们跳上还没有来得及驶离的金军船只，将剩余的金兵全部歼灭，缴获的武器和铠甲等物，在岸上堆积如山。

逃难出海的高宗皇帝，这时已回到越州（今浙江绍兴市）。驻扎在建康的金兵让高宗惶惶不可终日，如今收到克复建康的捷报，高宗大喜过望，下旨召见岳飞。

五月下旬，岳飞押解金军战俘，赶赴越州。这是南宋立国以来从未有过的大喜事，一路上，百姓夹道而观，个个欢欣鼓舞。

五月下旬，岳飞押解金军战俘，赶赴越州。

四

高宗下旨，升岳飞为武功大夫，并任通州（今江苏南通市）、泰州（今江苏泰州市）镇抚使，兼泰州知州。

接到任命，岳飞一点儿也不高兴。因为通、泰二州地处江海一隅，一向不是金军主要进攻的地方。先前朝见之时，岳飞已经向高宗请求派他守卫淮河，因为那里才是抗金的第一线。

岳飞赶紧写了一封奏折，说他愿意以家人作为人质，请求朝廷免除对他的通、泰镇抚使的任命，改任他为淮南东路重难任使，允许他招集兵马，打击金军，收复本路州郡，并伺机收复中原故地。

然而翘首等待多日，岳飞只收到朝廷"知道了"三个字回复。无奈之下，岳飞只好赶回宜兴，带领着一万多兵马和五万余随军家眷，启程前往泰州赴任。

这个浩浩荡荡的队伍到了江阴（今江苏江阴市），等待过渡。渡船少，一天下来，只有五千人马渡到了对岸。

岳飞立于江岸，望着渡河的人马，急得唉声叹气，却也无计可施。

这时探马来报：完颜宗弼的军队在北撤途中，遭到承州（今江苏高邮市）知州薛庆和楚州（今江苏淮安市）知州赵立率军截击，薛庆战死，金军趁势攻占了承州和扬州（今江苏扬州市）。因楚州正在金军北归的路线上，主持淮南战场的金国元帅左监军完颜昌与完颜宗弼会师，准备合力攻打楚州。

岳飞一听，便知情势紧急。一旦楚州失守，战火势必延及泰州。

他当即叫来王贵，吩咐他留在江阴负责指挥兵马和家眷渡江，他自己则带领一队轻骑兵先行渡江，赶赴泰州，准备提前部署泰州的防御军事，一旦朝廷下令，即可驰援楚州。

一路上打马疾驰，岳飞无心顾及其他，只是低头想着心事。作为一个从军多年的老将，他深知军中习气。各个地方的军队之间往往会有一种无形的隔阂，或因观念不同，或因利益冲突，每每引起摩擦，不能团结一致，协同作战。正是这种军中陋习，影响了军队的战斗力。如今他率领着自己一万多人的岳家军，又要统领通、泰二州的地方军队，两边军队之间，只怕又要分出两个阵营。怎样才能弥合这种隔阂呢？

他想了一路，心中已有了主意。

一到泰州，岳飞检点兵籍，下令召集军中的上等军士，让他们自愿报名，到教场上比赛骑射武艺，从中挑选出一百名军士，发给他们每人一套盔甲，并让他们到军马场去，自己选择喜爱的战马。然后，他把这一百军士编为四个小队，作为自己的亲兵卫队，名为背嵬军。背嵬军之名源自于西夏，嵬即酒壶，背嵬军就是给主帅背酒壶的部队，名字里透出亲密。

消息传开，通、泰军中议论纷纷。

"听说了没？新来的镇抚大人选了咱们的一百个兄弟做亲兵！"

"这是什么意思？"

"那还用说，没把咱们当外人呗！"

"听说他一手带出来的岳家军当真是厉害……"

"那又怎么样？以后咱也在镇抚大人的麾

下！"

正如岳飞所预料的那样，他以这一百名亲兵来表明自己的态度，而无论通、泰的地方军队，还是岳家军旧部，都对此心领神会。

这时他接到朝廷下旨，任命两浙西路招抚使刘光世作为主帅，命岳飞、海州知州李彦先、接替薛庆上任的承州知州王林、扬州知州郭仲威等部均归其节制，率军解救楚州之围。

九月九日，王贵带领大队人马和家眷到达泰州，岳飞检阅部队，命张宪留守泰州，自己率领主力部队奔赴楚州。

王贵苦着一张脸："军中缺粮少衣，这场仗可怎么打呀？"

岳飞长叹一声。部队在建康与金兵拉锯战时，因补给跟不上，无法及时更换春装，军士们只得穿着前一年的冬衣。到了夏天，大家不得不掏出冬衣里的棉絮。而今秋风萧瑟，眼看就要入冬，冬装却未能全部换发，军粮更成问题。今年泰州下辖的两个县收成不佳，没有存粮，朝廷命湖州（今浙江湖州市）拨给岳家军军粮，但湖州的官员却拒绝拨付。

"我已经给刘节使写了两封公函，请求支援一两千兵马和十余天的军粮，眼下还没有收到回音。"

写给刘光世的两封信如石沉大海，然而军情紧急，岳飞顾不得其他，即率军出发。

刘光世是南宋第一位晋升节度使的大将，但他一向的惯例，是只派副将出战。这一次也不例外，只派了部将王德和郦琼率领一支轻兵部队，北渡长江。

奇怪的是，王德和郦琼的这支军队选择了一条迂回路线，绕了一个大大的圈，这才到达承州城下。未及开战，王德与郦琼斩了两个部属，称这二人不听命令，便退兵南撤。

消息传到岳飞军营，王贵再也忍不住了，说："早就听说这位刘大人治军不严，畏敌如虎，果然是上梁不正下梁歪，他的部下也是有样学样！"

岳飞伸出右手，五指张开。如今，郭仲威和王林的军队都只顾着防守自保，王德已率军南撤，五支军队只有李彦先所部和岳家军积极奋战，可李彦先部队又被金军阻截在半路上，无法前进——这样一来，相当于只剩下了岳家军这一根孤零零的指头。

什么叫孤立无援？他的心头掠过一丝凉意。

在承州以东几十里处的三墩，金军以一支偏师迎阻岳家军。岳飞先后出击三次，三战三捷，然而始终无法脱身西进。苦苦支撑的楚州最终沦陷，知州赵立被金军砲石击碎头骨，抱恨而终。金军主力随即转过头来，以优势兵力攻打岳家军。

独木难支，岳飞率军且战且退，金兵在后紧追不舍。岳飞传令张宪，命他速将军中眷属转移到宜兴。因为泰州并无城防设施，难以坚守，岳飞率军撤到泰兴县的柴墟镇，此地一度作为泰兴的县治所在，建有一道城墙，岳家军凭借这一道旧城墙，与完颜昌率领的二十万大军对峙，掩护几十万泰州百姓和军属渡江南撤。

激战之中，岳飞身中两枪，血染战袍。他心中雪亮：在双方兵力如此悬殊的情境下，继续苦斗下去，岳家军势必全军覆没。咬咬牙，他下令军队渡江南下，自己率领二百名精锐骑兵断后。

船，渐渐远离了北岸。脚下浩浩汤汤的江水，已经被战士们的鲜血染红。岳飞立于船尾，想到不久前自己还雄心万丈，只觉收复山东、河北与河东指日可待，而眼前的惨败，恰似现实给他的当头一击。

　　他的心，沉到了谷底。

收复六郡

一

建炎四年（1130）七月，金太宗册立刘豫为"大齐皇帝"，先定都北京大名府，翌年又迁都开封府，管辖京东、京西等地区。

刘豫本来是北宋的济南（今山东济南市）知府。两年前，也就是建炎二年（1128），金军攻打济南府，刘豫杀死勇将关胜，献城降金。

刘豫有一个心腹大患：驻守在伊阳县（今河南嵩县西南）风牛山寨的翟家军。翟家军的首领名叫翟进，原是伊阳县大莘店的一位乡绅。早在建炎元年金军南侵时，翟进召集族人和乡兵，抵抗金军，南宋朝廷因而委任他为京西北路安抚制置使。后来翟进战死，由其兄翟兴接任。刘豫攻打风牛山寨不下，又几次劝降翟兴不成，索性买通了翟兴手下的一个部将，暗杀了翟兴。翟兴的儿子翟琮于是联合南宋襄阳镇抚使李横和随州知州李道，开始讨伐刘豫，牛皋、赵起等人率领的几支义军也纷纷赶来相助，共同攻打开封府。

"子皇帝"都城被围，金国自然不能坐视不顾，当下出动重甲骑兵，与刘豫军队联手作战。李横军和义军都没有铠甲，在铁浮屠的冲击下惨败，金齐联军一举横扫风牛山寨，攻占了邓州（今河南邓州市）、随州（今河南随州市）、唐州（今河南唐河县）、信阳军（今河南信阳市）、襄阳（今湖北襄阳市）、郢州（今湖北钟祥市）六郡，硬生生切断了南宋与四川、陕西之间的交通要道。

刘豫得意扬扬，派人潜入洞庭湖区，联络盘踞在那里的杨幺，约定来年麦熟之季，南北夹攻，共同消灭南宋朝廷。

高宗知道事态紧急，决定委派岳飞领兵收复

六郡。

此前的三年间，因金军将主要兵力置于陕西战场，故而南宋朝廷命岳飞转战江南，平定内乱，岳飞也不负众望，先后击败李成、曹成，招降张用，平定了吉州（今江西吉安市）、虔州（今江西赣州市）的民叛。高宗本有密旨，命岳飞将被俘的叛民斩尽杀绝，以绝后患，但是岳飞同情这些被苛捐杂税逼迫而铤而走险的农民，接连上奏高宗，终于说服高宗皇帝允许他自行裁决。因而岳飞仅处死了一小部分叛军头目，其余青壮者编入军队，老弱者放归田园。百姓感戴岳飞的宽仁，在家中悬挂起岳飞的画像，奉若神明。

高宗对岳飞也十分满意，将岳家军定名为神武副军，再一次召见岳飞，擢升岳飞为中卫大夫镇南军承宣使，官阶正四品。又御笔亲书"精忠岳飞"四个大字，命人绣成一面大旗，用作岳飞行军打仗时的大纛。一时间，天恩浩荡，岳家军风光无两。

如今岳飞奉命驻守在江州（今江西九江市），攻打开封府失败后，牛皋等义军退到长江以南，岳飞请示高宗后，将牛皋等收编入岳家军。

得到刘豫计划与杨幺里应外合的情报，岳飞想，要阻止此事，重点是要先收回失陷的六郡。他一连给高宗皇帝写了几份奏章，说杨幺虽然近为腹心之忧，但没有刘豫的军队作为策应，杨幺不足为虑。而且襄阳等六郡地势险要，要想收复中原，这片区域是根基所在。又说他已经厉兵秣马，只待朝廷一声令下，便即挥师北伐。

二

出师之前，岳飞召集部将，告知他们，朝廷发给岳家军的省札中有两个"不许"：一是此次出征旨在收复刚刚失陷的襄阳府与唐、邓、随、郢四州以及信阳军，如果敌兵败逃出了六郡的地界，不许远追；二是不许私下提出"北伐"或者"收复汴京"之类的口号。

听到这里，牛皋腾地站起来："他奶奶的，北伐就是北伐，还不让人说啦？"

王贵悄悄扯一扯他的衣衫，牛皋悻悻地一屁股坐下。

其实不只是这一道省札，岳飞同时还收到了高宗皇帝的一封手诏，上面说，要是岳飞没有依令行事，引起了金国的不满，招来战事，那么就算他建了奇功，也要受罚。

岳飞摇一摇头，苦笑一声。他心知皇帝在担忧什么。毕竟，刘豫是金国的"子皇帝"，对这个狐假虎威的伪齐政权，南宋君臣一向谨守外交礼节，口称"大齐"，敬而远之。如今，收复六郡是势在必行，但是皇帝和大臣们又唯恐扩大事态，引得金兵大举南下。

但是，只要能北上作战，他已经满心欢喜。

见部将们都在安静地等着他继续讲下去，岳飞收束心神："为顺利克复襄汉，朝廷特意令吴节使（指吴玠）进行策应，以免金人从陕西抽调援军。"说到这里，岳飞顿了顿，提高了嗓音，"如今吴节使在和尚塬数次击退金兵，接连大捷，人心振奋。彼陕军能胜，我们岳家军也能胜！此番出征，岳家军志在必胜！"

言毕，岳飞向一旁的亲军示意，三位随从当即各自手托托盘，端上来三件战袍。

"昔日我曾保奏王贵、张宪、徐庆，今得皇上恩准，旌赏三将，御赐王贵、张宪、徐庆捻金线战袍各一件，金束带各一条。"

见众人都将艳羡的目光投向三人，岳飞趁机鼓劲："岳家军一向赏罚分明，此次出征，望诸将领身先士卒，奋勇杀敌。班师后论功行赏，我必向朝廷具奏，各有嘉奖！"

三

五月五日，岳家军挥师直抵郢州城下。高宗皇帝亲笔御书的"精忠岳飞"四字大纛，迎风招展，猎猎作响。

岳飞的作战之道是不打无准备的仗。出征途中，他已经派人探知郢州城中的大致情况，知道守城的郢州知州名叫荆超，曾在北宋皇宫内担任班直，勇猛过人，诨号"万人敌"，据说有万夫不当之勇。城中包括一队金兵在内，共有一万多人马。荆超信心十足，上报刘豫说，郢州城城坚兵足，固若金汤。

固若金汤？岳飞打马绕城一周，仔细观察城墙和布防情况，已是胸有成竹。他手执马鞭，遥指郢州东北角的那座敌楼："诸位将军，明日攻城，但你们现在就可以祝贺我了！"

众将一听，知道主帅胜券在握，不禁个个喜形于色。

只有王贵面含隐忧："军队连日轻装急行，补给未能跟进，眼下随营粮食只够两餐饭了。咱们要不要等粮食运到，再行攻城？"

岳飞摇头："越是缺粮，越要速攻。军队初抵城下，士气高昂，最宜速战。明日此时，必攻下此城，全军进城饱餐！"

开战之前，惯例是要喊话劝降。这是一场心理战，旨在瓦解对方的军心。但是岳家军这边刚喊了两句，对面的城墙上冒出来一个尖细的声音："彼此各为其主，各尽其忠！"

牛皋认得喊话的那人，告诉岳飞，此人名叫刘楫，是荆超身边的重要谋士。

岳飞心想，那荆超既号称"万人敌"，普通

军士恐不是其对手，但这刘楫不过是一个普通文士，此时正好可以用作激励士气的靶子。当下便高声喊道："众位将士看仔细了！活捉此人的，重重有赏！"

六日黎明，战鼓咚咚擂响，岳家军开始攻城。

城头箭矢如雨般射下，岳家军在阵前列开抛石机，砲石呼啸着，落在城头和城墙上，沙石迸溅，訇然作响。

岳飞选了一个地势较高的地方，立于大纛之下，指挥战斗。远远地，他看见牛皋冲锋在前，这个昔日军中的强弓手，曾生擒金军悍将，如今尽管年近五旬，仍是威风不减。

岳飞心中暗赞："真是一条好汉！"

突然，一块砲石呼啸而至，落在岳飞脚前不远处，将土地砸出一个大坑，溅起的泥土和砂石直溅到岳飞的身上和脸上。列队在岳飞身后的亲兵们一惊，但没有主帅号令，谁也不敢移动分毫。

岳飞凝目注视着眼前的战场，甚至没有抬手擦去脸上的灰土。

四

一举攻下郢州城，岳家军旗开得胜，士气高涨。

岳飞命军队兵分两路，一路由张宪和徐庆率领，由郢州往东北方向进军，前去攻打随州城；另一路由岳飞亲自率领，向西北方向进军，攻打襄阳府。

镇守襄阳的李成，算是岳飞的"老相识"了。

五年前，岳飞作为江、淮宣抚司右军统制，随杜充南下建康，在真州六合县（今江苏南京市六合区），遭遇李成为首领的盗匪。

事后，岳飞得知，这李成本是弓手出身，据说天生神力，和岳飞一样，能挽弓三百斤。后来，李成拉起一支数万人的队伍，归顺宋高宗。然而没多久，有一个相面术士赶来投奔李成，说他有一方诸侯之相，李成被说得动了心，便发动叛乱。高宗派刘光世率军平叛，混战之中，李成左臂负伤，手中战刀落地，右手仍挥舞单刀，奋勇率领部下突围而逃。刘光世将缴获的这把战刀呈给高宗过目，高宗抓住刀柄一提，发现这把刀十分沉重，又听刘光世禀报说，李成两手各挥舞一把七斤重的战刀，虎虎生风，不禁啧啧称奇。

李成虽然勇猛，但他手下的匪众却敌不住岳飞率领的江、淮宣抚司右军，只得退守到滁州（今安徽滁州市）。杜充命令王燮率军前去平寇，王燮畏惧李成，不敢近前。无奈之下，杜充只好又派岳飞率右军前往策应。途中，岳飞得到急报，说李成派了五百名轻骑，要夺取朝廷派人送往王燮军中的犒军物资。岳飞当即率军急行，在半路上截住这五百轻骑，夺回犒军的银钱和绢帛。

仅仅一年后，也就是建炎四年秋，李成自称"李天王"，兵分三路，先后攻占下池州（今安徽池州市）、江州和湖口县（今江西湖口县）。高宗命张俊前往平定，张俊请求将岳家军拨归在他的麾下，高宗允奏。

岳飞领命，率军赶到洪州（今江西南昌市），与张俊的五万大军会合。

见张俊彷徨无计，岳飞主动请缨："据属下观察，这李成十分贪心，只顾冒进，却不知保护后方。如果我们派三千骑兵到上游的生米渡切断其粮饷，必定一战而胜。属下不才，愿做先锋。”

张俊大喜：“素闻岳将军智勇双全，果然不虚！”

得到张俊首肯，岳飞即身披重甲，亲率主力，打马渡河，悄悄摸到李成军的右侧。李成军措手不及，向西溃逃，岳飞率部紧追不舍。经过一座小土桥时，岳飞率领着几十名骑兵刚刚过桥，桥身突然坍塌。李成军见岳飞麾下只有几十名军士，乘机反扑。岳飞搭弓一箭，射死了领头的敌军将官，旋即长枪一抖，斜斜上举。身后的背嵬军追随主帅多年，早就训练有素，当即列出队形，奋勇厮杀。后面的部队飞速修架土桥，大军过桥增援，李成军大败，逃回筠州（今江西高安市）。

岳飞率部追到筠州，命主力埋伏，自己仅率二百名骑兵，向筠州城进击。当日烈日炎炎，映得鲜红的大旗上一个雪白的“岳”字，极是醒目。李成军见岳飞兵少，觉得机不可失，便发动攻击，正中岳家军埋伏，这时张俊也引兵杀到，李成部队溃不成军，死的死，降的降。

经此一战，李成兵将折损了大半，自知大势已去，只得舍弃成王成侯的野心，北上投奔刘豫，成为刘豫手下得力的一员干将。

几次交手都败给了岳飞，李成又恨又惧。这下眼见岳飞率军迫近，唯恐自己在襄阳城中成了瓮中之鳖，索性弃城而逃。

五

岳家军兵不血刃便夺回了襄阳城，全军将士个个喜笑颜开。

但是这时，派去攻打随州城的张宪和徐庆，却传来了坏消息。

随州知州王嵩仗着城高墙厚，任张宪与徐庆如何挑战，就是不出城应战。张宪与徐庆指挥兵士强攻，一连数日，始终徒劳无功。

岳飞闻报，正自沉吟，一旁的牛皋忍不住了，一拍胸脯："大帅！俺老牛去！"

众部将都知道他生性莽直，但既然张宪与徐庆强攻不下，只怕要另作计议。众人的视线都落在岳飞身上，等着他给出破敌之法。

见岳飞还在沉吟，牛皋更急了："要是让俺去，保证三天之内，一定攻下城来！"

有人笑出了声。

岳飞看向牛皋，点点头："好，那我就在襄阳城中，等着为牛将军庆功。"

牛皋大喜："先前大帅说过，'越是缺粮，越要速攻'，俺一直记着呢！一会俺吩咐下去，叫军中就只带三天口粮。"

结果是，这三天的口粮还没吃完，牛皋已经与张宪、徐庆合力攻下了随州城。

但是庆功宴还未及开，逃出襄阳的李成，已经率领刘豫紧急集结起的齐、金联军，号称有三十万之众，气势汹汹，直扑襄阳而来。

岳飞率军出城迎战，两军列好阵势。岳飞向敌阵纵目望去，眉头一皱，嘴角却不觉泛起笑意。

"李成啊李成，时隔数年，你竟是毫无长进！"

他想起前一年九月，赴临安朝见高宗皇帝之时，君臣间提及刘豫和已投奔刘豫的李成，高宗又说到李成的那一把沉重的战刀，叮嘱岳飞派人劝说李成重回大宋，不要再给刘豫卖命。"请转告李成，如果他肯回归大宋，朕一定封他做节度使。"

当时岳飞闻言，不禁一怔。自己九死一生，积八年汗马功劳，才得封从五品的遥郡承宣使。而节度使官阶从二品，乃是大宋武官人人梦想的最高荣耀。

想必高宗皇帝也感觉到了岳飞的诧异，自知失言，在朝见之后，便升岳飞为正四品的镇南军承宣使。

"岳飞啊岳飞，你从军之志，并不是想要加官进爵，又何必为了皇帝的一句无心之言介怀？"他对自己说。

"属下王贵请战！"

"还有俺老牛！"

部将们纷纷请求出战。

岳飞收回远眺的目光，微微一笑："这李成在我手下吃了多次败仗，想来他平时差事多，没有精力修习战法战术。要知道，骑兵最适宜在平原地带纵横驰骋，而步兵的优势是可以布置于山地、河滩等处，但是你们看，今日李成竟然反其道而行，将骑兵布列于江岸，步兵却列在平地。如此列阵，纵有十万之师，又有何用？"

众将闻言望去，不禁会心而笑。

岳飞命令王贵："你率长枪步兵，从右侧进击敌军骑兵！"

又命牛皋："你率领骑兵，从左侧攻打敌军步兵！"

二将领命而去，一时间，但见右侧战场上箭弩齐发，王贵率领的长枪步兵在箭弩的掩护下，向李成军骑兵冲去。李成军骑兵受困于江岸地形，无法驰骋，在长枪步兵的枪林中乱成一团，前边的骑兵溃败后退，竟将后边的骑兵挤入江水之中。而左侧的战场上，岳家军骑兵纵马横刀，对付李成军步兵，转眼之间，李成军大败。

六

又是秋天了。刚刚下过一场细雨，江风鼓荡，扑面生寒。岳飞立于楼头，凭栏远眺，眼前的长江如一匹白练，烟波浩渺，真正是逝者如斯，不舍昼夜。

三个月之前，他身在的鄂州（今湖北武汉市武昌区）城里还是满目葱绿，他率领大军由此向北进发，去收复六郡。出征时随身携带的那张地图，如今还悬挂在他的营帐里。有时他站在这地图前，眼光从鄂州移向西北，再向北，向东——郢州，襄阳，邓州，唐州，信阳军，而随州正好位于郢州与信阳军这条连线的正中。是的，他早就发现了，以鄂州为始点，郢州、襄阳、邓州、唐州和信阳军刚好连成一把弯弓；而郢州、随州和信阳军，则构成了这把大弓上将射未射的一支利箭。

此番北征，收复郢州和随州，都是硬攻；襄阳城外那一场恶战，他也是成竹在胸。之后为攻下邓州，他准备了一个多月，为可能遇到的艰难和凶险，一一想出了应对之策。不过这些策略只用上了一小部分，邓州城就被攻克了。而之后的唐州和信阳军，就如同探囊取物一般。

但是他心里清楚，虽说攻取六郡，他对付的是金、齐联军，可这些金兵并非金国的主力部队，远非吴玠仙人关大战金军那样的硬仗可比。只不过，在他的心里，这番北征意义非凡：他的北伐之梦，终于迈出了第一步。

收复易，戍守难。收复的六郡久经战火，已经几乎没有了定居的百姓，守城官兵的军粮补给从何而来？尽管他已经做了尽可能周全的部署，兴办了军田，吸引离乡躲避战火的农人们归乡耕种，还主动把耕牛和粮食蔬菜种子借给他们，甚至免除了农民们所欠的一应官债和私债……孤悬在中原的六郡，从此成了他的牵挂。

收复六郡，最惊喜的还是高宗皇帝，当即批准宰相朱胜非的奏请，将岳飞擢升为从二品的清远军节度使。此时，南宋朝廷已建节的，只有刘光世、韩世忠、张俊和吴玠四位大将。

圣旨颁下，众部将吵着要庆祝。"三十二岁就建节，在本朝，这可是向无先例啊！"说话的是在岳家军中主管机宜文字的胡闳休。

"听说那八大件旌节从朝廷发出后，一路穿州过县，宁可撤关毁屋，也决不可倾倒旌节，可是当真？"徐庆问。

"那还有假？大丈夫能屈能伸，但是这节度使的旄节呀，可绝对不能'屈'！"

胡闳休的话激起一片笑声。

部将们不知道，此时他们的主帅岳飞，想的却是奏请辞免节度使的奏折该如何措辞。

部将们也不知道，出征之前，宰相朱胜非曾经派人告诉岳飞，如果能够收复六郡，就可以授予他节度使的头衔。岳飞对来使说："请代我好言回禀，多谢丞相美意。但对岳飞尽可以道义相责，却不必用名利来驱策。收复襄阳六郡，乃是报效君王，如果事成之后不给岳飞建节，难道我岳飞就能坐视不管吗？攻一城授一爵，这可以用来对待寻常人等，却不能以此来对待国士。"

此时王贵早吩咐下去摆上酒席，众部将知道岳飞不饮酒，照例为他备下了热茶。岳飞刚一入座，众部将便轮番上来敬酒，岳飞以茶代酒，一一回敬。

早年因为饮酒误事，岳飞曾被母亲责备，后来又因在洪州醉酒，与江南西路兵马钤辖赵秉渊争吵起来，动起了手，岳飞力气太大，几拳下去，几乎将赵秉渊打死。以此两件教训，岳飞再不饮酒。

胡闳休已经喝得半醉，倚在栏杆上高声念诵：

"碧云天，黄叶地，秋色连波，波上寒烟翠。山映斜阳天接水，芳草无情，更在斜阳外。"

那边王贵接腔："芳草无情人有情。来来来，王贵敬你一杯。"

岳飞知道胡闳休念诵的是范仲淹的《苏幕遮》。他想，范公一生先天下之忧而忧，后天下之乐而乐，但这《苏幕遮》，却未免过于伤感了。

他放眼望去，水天苍茫。风，从遥远的北方而来，仿佛带来了来自北方的消息，那是他心心念念、一生渴望奔赴的北方！

他心中豪情鼓荡，推盏而起："拿笔来！"

雪白的宣纸铺开，岳飞饱蘸浓墨，写下了《满江红》：

怒发冲冠，凭栏处、潇潇雨歇。抬望眼、仰天长啸，壮怀激烈。三十功名尘与土，八千里路云和月。莫等闲、白了少年头，空悲切！

靖康耻，犹未雪，臣子恨，何时灭！驾长

雪白的宣纸铺开，岳飞饱蘸浓墨，写下一阕《满江红》

车踏破，贺兰山缺。壮士饥餐胡虏肉，笑谈渴饮匈奴血。待从头、收拾旧山河，朝天阙！

写毕，他掷下笔。仿佛回声一般，远天之中，传来一声嘹亮的雁鸣。

北 伐

一

"大夫，家母的病……"

陪着大夫为母亲诊完脉，岳飞请大夫来到书房，他搓着两只手，紧张地观察着对方的神色。

大夫摇摇头，重重地叹口气："老夫人年事已高，药石之效，着力甚微。这样吧，我再换一个药方，仍旧是早晚煎服。"

送走大夫，岳飞回到书房，在窗前负手而立。窗外正是阳春三月，柳丝鹅黄，草长莺飞，但这大好的春光，却激不起他心头的一丝喜意。少顷，他抬手擦擦眼睛，挺直腰身，努力做出一副欢容，回到母亲的病床前。

"娘，大夫说了，脉息比前次见好，他给您换了一个药方，抽掉了几味重药，味道应该不像先前的那样苦了。"

姚氏嘴角牵动一下，蜡黄的脸上，慢慢浮起一丝微笑："娘又不是小孩子，什么时候怕过苦来？"她闭上眼睛，喘息了一会儿，"人生七十古来稀，娘活到了这个岁数，能替你爹看着云儿和雷儿成家立业，可以闭眼啦。"

"那不行，还有震儿呢？"

岳飞的第四个儿子岳震，前一年刚刚出生。

听到幼孙的名字，姚氏心满意足地轻叹一声，又阖上了眼睛。

岳飞知道母亲累了，他俯身替母亲掖了掖被角："娘，您好生休息，我就坐在这儿陪着。"

过了一会儿，岳飞以为母亲已经睡着了，他慢慢退到一旁的椅子上，轻手轻脚地坐下来，准备打一会盹儿。自从母亲生病，岳飞和李娃日夜侍奉，家中虽有奴仆，但岳飞唯恐她们重手笨脚，不似自己和李娃这般细心周到，但凡喂汤喂药诸事，他都要亲力亲为。而年幼的岳震又总是吵着要妈妈，这孩子天生嗓门儿奇大，啼哭起来声震屋瓦，岳飞怕影响母亲静养，干脆让李娃去哄幼子，自己则连日在母亲身边陪侍，难免身倦力疲。

"前日，我看见六郎了。"姚氏似乎在自言自语。

岳飞心头一阵刺痛。四年前（绍兴二年），他率兵讨伐巨匪曹成，弟弟岳翻也随军出征，激战之中，岳翻被曹成手下的悍将杨再兴杀死。岳飞自责没有照顾好弟弟，又让母亲经受老年丧子之痛，因而一直内疚在心。

尽管岳飞竭尽所能，年过古稀的姚氏，终是撒手西去。抱着母亲渐渐冷却下来的尸身，岳飞号啕大哭，直哭得双目肿痛，困扰他多年的眼疾再度严重复发。

也许是北方人不适应南方的溽热和潮湿，也许是连年征战带来的身体劳损，最初的轻度感染没有得到及时根治，自从六年前收复建康府一战后，岳飞就患上了这种眼病，时发时愈，发病时双目红肿，见光刺痛，茶饭难进。

就这样，岳飞红肿着眼睛，身披重孝，一路扶灵赶往江州（今江西九江市）。

当年平定曹成之后，岳飞一度奉命驻守在江州，他很喜欢这个南傍庐山、北依长江的地方，决定将来收复中原后，自己功成身退，将江州作为终老之所。而自从老家相州沦陷，岳氏族人纷纷南逃，赶来投奔岳飞，岳飞便用俸禄和积蓄在江州陆续买下一些田产和房屋，供给族人们耕种和居住。如今母亲去世，他依礼制应"丁忧"三年，于是他带着妻儿，前往江州安葬母亲，在庐山古刹东林寺中，守灵丁忧。

二

到东林寺后不过月余，岳飞收到江南西路安抚使李纲的信。岳飞眼疾未愈，视物模糊，便命岳云展信朗读。

只听岳云读道："……我深知岳宣抚乃是至情至孝之人，但是公义在前，私恩在后，还望宣抚节哀顺变，重整旗鼓，建不世之功勋，成中兴之大业……"

岳飞叹道:"这李安抚真是知我心的人。唉,难得他一片赤诚,为国为民,日夕忧虑。"

岳云问:"父亲要回信给李安抚吗?"

岳飞摆摆手:"我眼疾未愈,过几日再说。"

"那,皇上的诏书呢?"高宗已经连下了三道诏书,要求岳飞尽快结束丁忧,赶回鄂州主持军务。

"也过几日再说。"

翌日,岳云急急来找父亲:"王提举差快马送来急报,伪齐军攻陷了唐州!"

岳飞丁忧期间,鄂州军务交给提举一行事务王贵代为执掌。

皇帝的诏书可以拖,军情却丝毫迁延不得。岳飞只得回奏朝廷,接受"起复"的命令,动身返回鄂州军营。他请来一位能工巧匠,照着母亲生前的画像刻了一尊木像,供在家中正堂,每日晨昏定省,以寄托哀思。

节气渐已入秋。秋日天高气爽,马匹肥壮,金兵久居塞外,不耐暑热,最喜在秋天时南下侵掠。

往年此时，南宋军队一向采取"防秋"措施，已成惯例。但岳飞觉得，选在金军以为南宋大军采取"防秋"守势之时发动进攻，反倒可以出奇制胜。当年年初，右相兼都督张浚曾经部署，命岳家军进屯襄阳府，挺进中原；韩世忠军由承州和楚州出兵，进攻淮阳军（今江苏邳州市西南）。但当时岳飞正在临安朝见高宗皇帝，而韩世忠急于收复失地，抢先发动进攻，结果无功而返。等岳飞赶回鄂州，韩世忠大军已经撤退，两军未能如愿配合作战。

　　当下岳飞召集幕府中的谋士们出谋划策，制定了一个声东击西的作战计划：东路军先于大军主力出发，进攻伪齐驻守在鲁山一带的镇汝军。

　　那么派谁来领兵东路作为先锋？

　　"闻报镇汝军守将名叫薛亨，据说此人甚是勇猛，所以这一次进军，必有一场好战。"岳飞手撑桌案，眼光从麾下众将的脸上一一扫过。

　　左军统制牛皋豁然站起："鲁山是俺老家，俺请领兵前去，定要活捉薛亨！"

　　"有牛统制出马，再好不过。此去攻下镇汝军便可，至于活捉薛亨与否，倒非要紧。"

牛皋领命而去。估摸着他差不多已经抵达镇汝军，岳飞这边又令王贵和董先等率大部队向西北方进军，由熟悉伪齐军虚实的前虢州栾川（今河南栾川县）知县李通作为向导——就在几个月前，李通率领部下五百多人赶来投奔了岳家军。

让岳飞意外的是，牛皋竟然当真活捉了薛亨，派人一路押送到岳飞帐前。而牛皋自己一步未停，继续率军向东攻打颍昌府（今河南许昌市），直到蔡州（今河南汝南县）扎下营盘。沿途攻克下许多堡寨，又焚毁了敌军诸多粮草物资，正当整个伪齐朝廷和军队的注意力都被牛皋军牢牢吸引过去的时候，王贵和董先等将领已经悄无声息地率军抵达了虢州州治卢氏县（今属河南卢氏县），一举攻下县城，缴获军粮十五万石。

卢氏县地处河南与陕西交界处。紧接着，王贵又将商州（今陕西商州市）境内的五县全部克复。商州本属于吴玠战区，由此向北经过武关，便可直捣关中，进抵长安，战略位置十分重要。朝廷此前已令吴玠派兵收复，但吴玠麾下兵力尚未抵达，商州城头已经竖起岳家军的大旗。

一面通知吴玠军队前来接管商州，岳家军一面继续乘胜前进。

再说当年杀死岳翻的杨再兴，在曹成兵败时被岳家军擒获，五花大绑押到岳飞跟前。岳飞见杨再兴面无惧色，再想此人勇悍异常，确是一员难得的虎将，便亲自为他松绑，劝他投归麾下，为国效命。杨再兴从此死心塌地，归附岳家军，如今已是军中第四副将。当下杨再兴奉王贵之命，从卢氏县出发，先是在长水县（今河南洛宁县西南）击溃伪齐数千兵马，又率部进抵孙洪涧，击败两千多人的伪齐军队，一举拿下长水、永宁（今河南洛宁县）与福昌（今河南洛宁东北）三座县城。福昌县距离西京河南府，已是近在咫尺。

消息传至大帐时，岳飞正在与幕僚们商讨下一步作战计划，闻此捷报，岳飞不禁喜上眉梢："我们岳家军当真个个都是佳兵良将呀！"

参谋官薛弼笑道"前日我听闻坊间戏言，'入得岳家军，凡夫百倍勇'，想这世间多的是凡夫俗子，但我们岳家军中纪律严明，奖惩有据，因而众将士得以把自己的潜能发挥到极致，如此同心戮力，焉能不胜！"

众幕僚纷纷点头称是。

三

卧室里，深紫色的厚重窗帘紧掩，隔绝开室外的光线。岳飞昏昏沉沉地躺在床上，头脸肿胀，眼上敷着膏药。自从第二次北伐班师，九月下旬回到鄂州，岳飞的眼疾复发，这一次病情尤其严重，甚至发起了高烧。高宗皇帝派来的御医已于前一天抵达，但纵使是灵丹妙手，一时间也不能立马见效。

"水……"

一直守候在侧的李娃闻声，赶紧端起温在桌上的一盏清茶，用羹勺舀起一点，喂岳飞慢慢喝下。

喝完茶水，头脑似乎清醒了一些，那个困扰岳飞多时的难题，再次袭上心头。

上一次北伐，岳家军长驱伊洛，几乎将伪齐辖境一劈两半，算得上南宋建朝十几年来未曾有过的大捷。然而新收复的地区严重缺粮，而山区转战，运输不便，孤军深入至商州，已达补给输送能力的极限。没办法，岳家军只得留下少量部队占领要地，主力则撤退南归。

军粮，一直都是岳飞要面对的最大难题。自从平定杨幺叛乱，岳家军的兵力得到进一步扩充，再加上朝廷拨转来隶属于岳飞麾下的几支部队，岳家军如今已经扩编到三十将，每将兵力约有三千三百人。这十万余人的大军，连同几十万军人家属，每月仅米粮这一项，就需要七万余石。要想进军中原，北伐成功，必须解决的第一个问题，就是充足的军粮供给。

出身农家，他深知农人负担沉重。每次出征之前，他都要以此激励将士："江南百姓贫苦已久，我等日日所食之粮，粒粒皆辛苦，都是江南百姓的血汗啊！如果不能杀敌报国，我们有何面目见江南父老！"

为了减轻百姓的负担，尽量达到军粮自给，他想尽了办法。将官府的营田租给百姓耕垦，按惯例是收租四成，但为了鼓励百姓开垦荒田，岳飞规定初期每亩田地只象征性地收取一、二斗，甚至只收五升粮食，还将耕牛、种子和家具借与百姓使用。除此之外，岳家军的将士们也自己开垦屯田，耕种粮食。

岳云和岳雷都是十几岁便参军入伍，战事之余，岳飞总是亲自带着两个儿子操持农事，姚氏心疼孙儿，初时还拦着，岳飞说："娘，并非五郎不心疼自己的儿子，但是岳家世代务农，做人岂能忘本？而且，将来中原恢复，战事了结，我们父子还是要回归田园，以农桑为业的啊！"

早年家境贫寒，他甫一成年，便为钱粮发愁。没想到，如今做了节度使，镇守一方，仍要为钱粮发愁。想到这里，他不禁苦笑起来。

他手下的回易官李启是个商业奇才，极是精明能干，更难得的是为人又极俭朴。他开设商铺、酒坊，亏得他经营有方，且又精打细算，为岳家军筹措了许多军饷。这个李启，要怎么奖赏他才好呢？

想着想着，眼睛胀痛，头又昏沉起来。正要睡去，一阵窸窣的脚步声，他听见丫鬟低声向李娃禀报："张大人、薛大人和李大人求见。"

不待李娃开口，岳飞已经一把扯下眼睛上的膏药："请他们进来。"

岳飞眼疾复发后，因王贵仍留在前沿驻守，眼下宣抚司的日常军务，由张宪、薛弼以及参议官李若虚共同主持。如今这三位属下联袂求见，必是发生了重要军情。

四

岳飞猜得没错，宣抚司刚刚收到朝廷省札，命岳飞率军应援淮西战事。

原来，刘豫不甘失败，征集了二十万大军，对外宣称七十万，兵分三路，进攻淮西。因为淮西是刘光世和张俊军的防守区域，刘豫当然知道，在南宋诸位大将中，岳家军、韩世忠军和吴玠军的战斗力最强，而刘光世和张俊军的战斗力最为薄弱。刘豫也深谙南宋朝廷畏惧金人的心理，命麾下的三千骑兵身穿胡服，假扮成金军部队，四处招摇，营造出金、齐联军的假象。

果然，刘光世和张俊以为金、齐联手南侵，大为畏惧，他们一面虚报敌情，夸大敌军军势，请求朝廷派兵增援，一面准备南撤。左相赵鼎信以为真，赶紧上奏高宗，拟定出三条对策：同意刘光世和张俊军队撤至大江以南；火速调派岳家军支援淮西；高宗皇帝的"行在"从平江府移回临安府。但是右相张浚不同意，因为如果刘光世和张俊将大军撤回到长江南岸，则长江天堑势必再也不能作为南宋的屏障。而岳家军控制着长江上游地区，如果岳家军主力东援淮西，伪齐和金军就有可能乘虚而入，进攻襄汉。

张浚巡视镇江府，探明伪齐军队此次南下并无金军配合，而刘豫之子刘麟率领的中路军也不过六万人。高宗闻报，这才放下心来，同意张浚的建议，不允许刘光世大军南撤。张浚干脆对刘光世下了最后通牒："如有一人渡江，斩以殉！"但是高宗还是担心刘光世军的战斗力不足，坚持要调派岳家军支援淮西。

待李若虚讲完所知情报，张宪眉头紧蹙："宣抚意下如何？如果大军开往淮西，伪齐军会不会直扑襄阳等州郡？"

岳飞揉着太阳穴："张提举所虑极是。但是朝廷有令，焉能不从？既如此，传令下去，各部抽调一半兵马，急赴淮西；其余驻守兵马，严加战备。"

岳飞拖着病体，率军沿江东进。刚到江州，消息传来：刘光世接到不可后退的诏令后，命部下王德、郦琼二将率军迎战，将刘麟率领的伪齐中路军击退；宋将杨沂中则率部击退伪齐东路军。一见中、东两路皆败，伪齐西路军不战而退。

岳飞马上传令各将，火速回防。

然而还是迟了一步。金国见岳家军挥师东援，机会难得，当即派兵南下，与伪齐军合师，兵分数路，向岳家军防线猛扑。虢州、商州、唐州、邓州、信阳军战火复燃。

因为吴玠所部迟迟未能赶来接防，商州和虢州至今仍由岳家军驻守。金、齐对此二州志在必得，仅派往虢州的兵力就有三万五千人，进攻商州的也有一万余兵马。

驻守虢州的岳家军统制寇成，在铁岭关迎击金、齐联军，眼见与敌军兵力相差悬殊，转而采用伏击战术，一面向岳飞快马急报请求兵力支援。张宪统领一万兵马，击退攻打邓州的数万敌军。而王贵在唐州迎战"五大王"刘复的数万人马，力量对比更为悬殊。

刘复是刘豫的弟弟，极善敛财，带兵却是草包一个。王贵一马当先，率部冲进敌阵，十倍于岳家军的金齐联军竟然一触即散，王贵一路追击到蔡州地界。因蔡州已沦陷多年，王贵不敢轻进，只能一边派兵侦察敌情，一边缓慢向前推进。王贵心中焦灼，虽然身经百战，此时却感到了从未有过的压力。直到这天，在战士们惊喜的呼声里，他回头一望，身后遥遥现出一支队形整肃的大军，"精忠报国"的大纛迎风飘舞。一瞬间，王贵的眼睛竟然有些潮湿。

五

岳飞决定先攻下蔡州城，再向北进军。当下全军二更准备，三更出发，凌晨时分，已逼近蔡州城下。天光一点点放亮，岳飞眯着眼睛，以手遮额，观察蔡州城防。隔着七百步的最大射程，但见城墙既高且厚，护城河又宽又深，城头上，金、齐军队的黑色大旗静静竖立，却不见守兵的影子。

岳飞勒转马头，回到宋军阵列，下令攻城。

但是攻势刚刚发动，先锋队尚未接近城墙，城头的大旗猛烈挥舞，一队队敌兵在城垛上列开阵势。

岳飞心下一动，急令鸣金收兵。岳家军迅速后撤。岳飞紧紧盯着城头，只见其上敌军穿梭，旋即也撤了下去。

岳飞眉头紧皱，他沉思片刻，再次下令攻城。先前的情形再次上演。

"马上收兵！传令全军，火速撤退！"

岳家军沿来路紧急撤退。马蹄嗒嗒，王贵策马赶上，与岳飞并辔而行。

"宣抚，属下有一事不明——"

岳飞一笑："你想问的是，为何要撤军？"

"恕属下愚钝。大军兵临城下，蔡州城唾手可得，宣抚为什么不攻反撤呢？"

"你且想想，昨日我们商量军情时，你说刘复怎么着？"

"说他只会敛财，不懂打仗。"

"可是刚才下令攻城时，你也看见了，这蔡州城中的守军，显然早有准备，而且训练有素。"

王贵一个激灵："宣抚是说，此事有诈？"

岳飞点点头："我虽不知具体为何，但这城中很可能不只是刘复的溃军。而且此处的地势我们尚不熟悉，要谨防敌军设有埋伏。"

岳飞的直觉非常准确。金、齐联军分成十队，埋伏在蔡州周围。岳家军这一路行军，李成早窥知岳飞只带了二万人马，加上王贵的一万人，也不过三万人而已。且岳家军轻装疾行，随军只带了十日军粮，而蔡州城又是易守难攻，只等岳家军攻城疲顿，粮草将尽，他们就采取围困战术，将岳家军一网打尽。这一次，李成是志在必得，发给全军每人一条绳索，下令每抓住一个岳家军将士就穿其手心，十个人一串，可得重赏。

王贵奉岳飞之命，率领骑兵断后，击退了一股追兵。李成亲自率兵追来，董先按照岳飞的部署，令部下在河边的树林中埋伏，自己单人独骑守在桥头，等待敌军到来。

李成追到桥边，见桥的另一侧只有董先一人，顿时起了疑心。他命部队停下，左右观察，看不出有何异状，便抡起手中的绳索，策马上前："不要逃！"

董先仰天大笑："我才不逃，我倒是怕你逃哩！"

李成又气又疑，他勒住马头，命一队军士过桥捉拿董先。但见董先不慌不忙，自怀中取出一面小旗，将小旗一挥，树林中鼓声咚咚响起，一队军士冲出树林，将李成的这一小队士兵击退，旋即又消隐在树林之中。

树林里到底藏了多少人马？李成正自惊疑不定，进退难决之间，只见一面"精忠"的大纛仿佛从天而降一般，从山路间赫然出现。

李成倒吸一口凉气，岳飞一到，他哪里还敢恋战，拨转马头便跑，一口气跑出几十里地，到了一个叫牛蹄的地方，方才勒住马头。他身后的兵士一个个奔得气喘吁吁，精疲力尽。李成见没有追兵赶

一面"精忠报国"的大纛仿佛从天而降一般，从山路间赫然出现。

至，这才放下心来，命令大军埋火造饭。锅里的水还未烧滚，只听四下杀声震天，"岳"字战旗呼啦啦招展，岳家军自四面山冈上疾冲而下。

失 和

一

人间四月芳菲尽，山寺桃花始盛开。四月的庐山，风景如画。东林寺旁的几树桃花，正开得如霞似锦。岳飞立在桃树下，仰首观望山巅上瞬息万变的云海，心绪也如那云海般起伏跌宕，奔涌不休。

此番回到庐山，继续之前被中断的丁忧，确实是有几分负气的成分。可是，皇上出尔反尔在先，自己辞职丁忧在后，凡事有因有果，不过如此。

两个月前，岳飞奉诏前往平江府面圣。此前他已得知，右相张浚奏请罢免刘光世的兵权，而左相赵鼎反对。因为此前刘豫派兵南侵时，赵鼎听信了刘光世和张俊虚报的敌情，险些酿成大错，多亏张浚出巡镇江府，及时探明伪齐军队的实际情报，严令刘光世军不得撤回到长江以南，从而一举击退伪齐军队，保全了长江天险，张浚因此在朝廷上威望大震。这一次，高宗也倾向于张浚的意见。赵鼎自感没趣，索性奏请外放。而刘光世大约也听到了风声，主动向朝廷递交了辞呈。

到了平江府后，岳飞也听见了许多议论。看来刘光世被罢免兵权已成定局，而有能力和资质来接替指挥这支屯驻淮西的行营左护军的，也就那么屈指可数的几位。皇帝在此时招自己前来朝见，莫非……

所以，当高宗问起岳家军的军情，有多少良马，岳飞心里一动，趁机说道："回禀陛下，臣曾经有过两匹爱马，这两匹马食量奇大，而且只吃上等的饲料，如果喂它们普通的草料，就宁肯饿死也不吃。"

高宗听得饶有兴致，笑道："还有这等挑剔的马？骑乘起来如何？"

"要说这马驱驰起来，初时也不见得多快，一直到跑出百余里地后，方才精神焕发，奋蹄疾驰，速度越来越快，即便再跑上二百里，也若无其事一般。这样的马，是真正的致远之材呀！只可惜先前收复襄阳时，战死了一匹，另一匹也在平定杨幺叛乱时战死了。"

"哎呀！可惜！"

"臣现在所骑的马，倒是不挑食，食量也不大。每到骑乘之时，臣刚上马，这马便奋力疾奔，可是不出百里地，就浑身大汗，气喘吁吁，看上去马上要倒毙的样子。"

高宗哈哈大笑，目注岳飞，微微颔首，对岳飞的这番言外之意心领神会。

果然，朝见之后，高宗便趁着论功行赏的机会，将岳飞升任正二品的太尉，这是宋朝武将官阶的极致了。至此，岳飞的实职差遣已经超越了吴玠，而与韩世忠、刘光世、张俊三位大将并驾齐驱。以此身份，接替刘光世指挥行营左护军更是顺理成章的事了。

因高宗采纳了张浚的建议，将"行在"从平江府迁往建康府，岳飞在平江府逗留了二十余日后，也随驾同赴建康。

到了建康，高宗又在自己的寝宫中单独召见岳飞，承诺整个南宋的军队中，除张俊和韩世忠的军队之外，其余的兵马，均受岳飞的节制。

高宗还特意写了一份手诏，以备岳飞前往淮西接管行营左护军时，面授王德和郦琼等将官。岳飞展读手诏，但见上面写着"听飞号令，如朕亲行"字样，不禁激动万分。

先前岳飞初任通州、泰州镇抚使，奉旨接受刘光世节制，驰援楚州之时，曾经两度写信请求刘光世援助部分军需物资，结果回音全无。军需援助尚且如此，如需两军并肩作战，则掣肘可想而知。如今，若高宗所言成为现实，那么不仅刘光世所部，就连吴玠与老上司王彦军队，以及临安的三衙军，理论上也归岳飞节制，总兵力可达到十七万左右。再加上原有的十万岳家军，那么他可以指挥整个大宋七分之五的军队。雄兵在握，上下协力，北伐中原、重振河山，岂非指日可待？

想到这里，岳飞激动得夜不成寐。

然而，仅仅时隔一个月，一切都变了。

是皇上突然改变了主意？是以右相身份都督诸路军马的张浚想要有一支自己指挥的军队？还是，一向主张和议的枢密使秦桧从中起到了作用？岳飞怎么也想不明白。

朝阳初升，山巅上的云海渐渐消散，岳飞还呆呆立在原地。良久，他喟然长叹："皇上啊皇上，你既然相信岳飞乃是致远之材，为什么又不肯让他尽情驰骋？"

二

三份辞职奏札都被原封不动地退还回来。岳飞正展读高宗皇帝的手诏，王贵与李若虚风尘仆仆地赶到了东林寺。

"宣抚，请您快点回鄂州主持大局吧！"王贵连客套也免了，直接开门见山。

李若虚满脸是汗："宣抚可知眼下岳家军中人心惶惶，流言四起，您再不回去，我们真不知如何是好了！"

"什么流言？"

朝阳初升，山巅上的云海渐渐消散，岳飞还呆呆立在原地。

"宣抚您难道不知？朝廷已经派兵部张侍郎到了鄂州，现在军中纷纷传言，这张侍郎是来接替宣抚执掌岳家军的——"

"张宗元？他不是还兼着都督府参议军事吗？"

"正是。此人是张丞相的亲信。宣抚可知道，您离开建康径自返回庐山，途中奏请辞职，张丞相十分震怒，在奏章说您一心想扩大势力，不能如愿就以辞职要挟君王，还奏请皇上罢免您的兵权。幸而皇上未曾准奏。"

又是张浚！离开建康前与张浚的那一场不愉快的对话，再次涌上岳飞的心头。

那时高宗显然已经反悔先前对岳飞的承诺，然而君无戏言，怎能说反悔就反悔？只得委托张浚出面了结。

岳飞应召来到张浚的都督府，心中已有不祥的预感。

果然张浚问："王德作为将领，在淮西军中很有威望，我打算提拔王德为都统制，让吕祉以都督府参谋军事的身份担任监军，你看怎么样？"

岳飞明白，张浚这是在暗示他，关于淮西军一事，朝廷已另有安排。但他还是坦诚相告："淮西军中，兵卒多是由盗匪收编而来，极易发生叛乱。而王德和郦琼二人的能力和威望，又素来难分高下，如果提拔王德统兵，则郦琼必与之相争。吕尚书虽是通才，但终究是个书生，不熟悉军旅事务。以属下之见，需要选大将领军，方足以服众。"

"那么张宣抚如何呢？"

岳飞心想，张俊之为人，难道身为都督诸路军马的你心里不是最清楚吗？"张宣抚身为老将，先前也曾是属下的主帅。但是其为人暴躁而少谋略，郦琼素来不服他，恐怕也难以安生。"

"杨沂中呢？"

"杨沂中与王德资历仿佛，自然也驾驭不了淮西军。"

张浚怫然作色，语带讥诮："我当然知道，此职事非岳太尉不可呀。"

岳飞也忍不住了："都督您以正事相问，属下不敢不据实以答，何曾是为了自己领兵淮西？"

往事历历，张浚那嘲讽的神情如在眼前一般，岳飞气往上冲，对王贵和李若虚沉声道："二位不必多言，我既已上奏请求免去兵权，朝廷如此安排，正合我意。我自此归田，为母守制。"

"这这这……"王贵急得直搓手。

"宣抚有所不知，朝廷发来省札，令我二人必要劝得宣抚回鄂州，如此番办事不力，便要拿我二人问罪。王提举追随宣抚出生入死，属下一介书生，无此等战功，但身在幕府，也一向勤勤恳恳，尽心尽力。难道宣抚忍心让我二人为此而死？"说着，李若虚自怀中取出省札，双手递与岳飞。

事已至此，岳飞知道再无其他选择。他长叹一声："罢了罢了，待我奏明皇上，再随你们回鄂州便是。"

三

事态的发展果然如岳飞所料，郦琼与王德素来不睦，王德升任行营左护军都统制后，越发傲慢，致使手下将领与之离心离德。兵部尚书兼都督府参谋军事吕祉担任监军，却统御无方，不久竟然酿成兵变，郦琼杀死吕祉，带领四万多军士投归伪齐，整个淮西军只剩下王德本部的八千兵马。这样一来，前沿四大军区之一的淮西军几近形同虚设，一时间，朝野震动，张浚更是不知所措。

高宗写手诏给岳飞，请岳飞以同乡身份规劝郦琼回归南宋，保证既往不咎。然而，这并不能让郦琼回心转意。

痛定思痛，高宗再一次意识到岳飞的远见卓识。他先是下手诏命岳飞派水军部署江州和蕲州的江防，又下旨召见岳飞，还指名要岳飞幕府中的参谋官薛弼一同前往。

于是岳飞和薛弼乘舟奔赴"行在"建康府。江州以下，江面宽阔，水流平缓，舟行其上，时见鸥鸟自两岸苍翠的芦苇间疾掠而过，习习江风，捎来两岸不知名的野花香气。薛弼立于船头，一路欣赏沿江美景，心怀大畅。但让他感到奇怪的是，岳飞却一直闷在舱中练习小楷。薛弼当然知道，岳飞写得一手漂亮的苏体字，而小楷是公文才需要用到的字体，公文往来一向是幕僚的职责，并不需要身为宣抚使的岳飞亲力亲为。何况自从患上眼疾之后，岳飞的视力已不如从前，这小楷练得实在让人起疑。

耐不住薛弼的再三追问，岳飞终于说出了实情：他确实是在写一份奏章，请皇上尽早确立储君。

薛弼一听，不禁大惊失色："皇上唯有一子，如今早已夭亡，眼下并无子嗣，如何立储？"

"先前我曾去过赵瑗读书的学堂，见此子聪慧伶俐，更难得的是小小年纪，举止从容有礼，正是立储的上佳人选。皇上既已收其为养子，不如尽早立储，以稳天下人心。"

"嗨！那赵瑗是太祖一房的七世孙，皇上收为养子，不过是以备万一。宣抚且想想，皇上年方三十一岁，正值盛年，自然是想要生育自己的子嗣，立其为储君。此时提议立储，为时太早，太早！"

"想必薛参谋也知道，金国密谋，要废黜刘豫，将赵谌太子立为伪齐皇帝，又说要将赵谌送归我朝。此举用意，昭然若揭。若赵谌归来，朝廷如何处置？不如早立储君，便可断了金人的痴心妄想。"

赵谌是钦宗之子，在北宋灭亡前，曾被正式册立为太子。

"宣抚深谋远虑，但立储这等大事，还是等皇上自己筹划，方为稳便。"

岳飞不以为然："薛参谋过虑了，先前皇上之所以收赵瑗为养子，便是采纳监察御史娄寅亮的奏议。其时娄寅亮不过是一个小小的县丞，尚且有这样的胆识，今日我辈又岂能坐视？"

"哎呀，那娄御史不过是一介书生，手无缚鸡之力；而宣抚手握重兵，岂能与之相提并论？但朝廷一向崇文抑武，像立储这等敏感之事，贸然提议，岂非触犯朝廷大忌？先前宣抚请辞兵权，皇上已是大为不悦，此时此刻，怎可再提立储之事？不可，不可，万万不可呀！"

但不管薛弼怎么劝，都无法说服岳飞。他在舱中字斟句酌地拟写奏章，薛弼立在船头，再也无心欣赏江上美景，只是一个劲儿地唉声叹气。

四

金国想把赵谌送归一事，高宗当然已有耳闻。

但听着岳飞立在眼前朗读请求立储的奏札，高宗还是大感意外，不禁又惊又怒。

这是自己一手提拔起来，视之为中兴之将、股肱之臣的那个岳飞吗？这是自己亲笔手书"精忠报国"赐作帅旗的那个岳飞吗？当年太祖皇帝掌握兵权之后黄袍加身，并自此立下祖训，武将不得过问朝政，如今看来，确是先见之明。这个岳飞，之前擅自离职，已是大逆不道，视整个朝廷的颜面于不顾，换作别人，已是重罪，自己念在往日的功勋和情分上未予追究。可是万万料不到，此人得寸进尺，竟然要拥立储君！这个岳飞，他要干什么？手握十万重兵，他觉得自己可以有恃无恐地干预朝政了吗？

高宗的脸色，越来越沉。他克制着内心的恼怒，等着岳飞把奏章念完。

整个朝堂之上，所有人都感觉到了皇帝的愤怒，每一个人都屏住了呼吸，唯恐那愤怒倾泻在自己的头上。

岳飞读着奏札，他不可能感受不到周遭压抑的气氛。皇帝强抑怒火的脸，让他明白，薛弼的规劝是对的，他这番贸然建言立储，很可能适得其反，不仅于事无益，反倒让皇帝起了疑心和戒心。一阵穿堂风吹过，奏札簌簌抖动了几下，那些豆大的小楷，在他的眼前也变得模糊起来。

岳飞终于读完了奏札，他低着头，不去看高宗那张铁青的脸。

"你这番奏表虽是忠言，但身为武将，手握重兵在外，此事实在不是你应该谈论的。"

这冷冰冰的话，每一个字都像一支利箭，射中了岳飞的心。他猛然明白，先前那种君臣同心的时光，从此一去不返了，皇帝已经不再像往日那样信任自己。

望着岳飞的身影在大殿的门外消失，高宗余怒未消。想了想，他吩咐召薛弼觐见。

薛弼早有准备，当即将在船上与岳飞的对话一一上奏，一方面将岳飞的一番苦心孤诣说与高宗，一方面也为自己作了剖白。高宗听罢，神色缓和了许多，想到自己刚才对岳飞的疾言厉色，便对薛弼说："岳飞刚才离去时，怏怏不乐，你回去开导开导他吧。"

回到寝宫，高宗仍是心神不定。他想到当年太祖皇帝杯酒释兵权，如今，像岳飞这样的大将，兵权高度集中，只怕将来……对，应该提拔一批副将，分割和削弱岳飞、张俊和韩世忠这几位大将的兵权，是时候了！

进军中原

一

校场上，岳飞银盔银甲，正在亲自督促军队操练。他胯下的战马浑身雪白，神骏异常。在秋日的蓝天朗日之下，这一人一马，宛如天神一般。

校场东侧，步兵同在战场上一样，身着重铠，手执长矛，冲过陡坡，跨过壕堑；校场西侧，弓箭手们排成一列，左右开弓，箭不虚发。

岳飞徐徐点头，露出满意的神色。他自己最擅长左右开弓，便将这射艺教给了手下的将士，岳家军中，多的是神射手。

步兵营下去歇息，换成骑兵上阵，捉对厮杀。一时间，人喊马嘶，声如鼎沸。岳飞骑坐的白马受到感染，四蹄开始在原地急踏，只等着主人一声令下，便要奋蹄疾奔。

"你急啦？"岳飞叹息一声，拍拍爱驹的脖颈，心头一阵黯然。

三年了。他与他的战马一起，已经等待了整整三年。

自从绍兴七年冬天，得知刘豫被金国废黜帝位的消息，他就知道，北伐的大好时机来了。然而，恳请北伐的奏章一封封地急递上去，无一例外地，没有回音。

——不，也不是完全没有回音，绍兴八年九月，他等来了让他赴临安觐见的诏令。

动身之前，他想了又想。朝廷要与金国议和的消息，他当然已经听说了。这次高宗命他朝见，必是想要当面说服他，至少希望他能表示一下赞同的意见，让议和这件事进行得更为合情合理。可是，金国真的有和议的诚意吗？他岳飞是没法相信的。他也不认为和议能带来长久的、真正的和平。所以当高宗要他表态的时候，他坦率地说金国是不可信任的。说到这里，他索性把心一横，说道："在这件事上，相臣为国谋事不善，恐怕是要遭到后世讥议的！"

他心里明白，此话一出口，等于把四位宰执大臣都给得罪了。

这四位宰执是：新任右相的秦桧、重新担任左相的赵鼎、参知政事刘大中，以及枢密副使王庶。四人中，秦桧、赵鼎和刘大中都是和议的拥护者，王庶虽然反对和议，但四人中地位最低，起不到关键作用。而且关键中的关键在于，主张和议是高宗皇帝的意思。

高宗皇帝神色虽然不悦，倒也没有责备他什么。他快快不乐地回到鄂州，连续递交了几份辞呈，但是皇帝没有同意。

很快，他就听说金国派来了使者，一如既往地不承认"宋国"，而只称"江南"。和议的前提就是要求"江南"对金国称臣，而既然称臣，那么高宗皇帝自然要跪接金国使臣的"圣旨"。他想，君忧臣劳，君辱臣死，他宁愿拼得一死，也不愿皇帝和整个大宋承受这样的屈辱。

然后他就听说，不仅是朝中的众臣，就连退闲的李纲和已遭贬黜的张浚，都忍不住上奏反对这样卑躬屈膝地与金国"和议"。最后，还是以高宗皇帝在守孝为名，由秦桧代为跪接了金国的"圣旨"——和议就这样达成了。

他不愿意尸位素餐，既然皇帝不允许他辞职闲居，战事也已停止，他仍要求军队保持着最严格的训练。只要没有其他重要事务，他就会亲临校场督察，只有在校场上，望着将士们矫捷的身影，他才感到些许安慰，感到心中的热血，还没有冷却。

整整三年啊，他枕戈待旦，眼睁睁地看着最好的时机飞逝而去。漫漫长夜里，他辗转反侧，以屈辱换来的短暂和平，让他时刻无法安心。

二

正如岳飞所担忧的那样，绍兴十年（1140）五月，金国撕毁和约，再度挥师南侵，兵分四路，分头攻打陕西、西京河南府、东京开封府和京东路。

其实，万事皆有先兆。早在绍兴九年三月，奉高宗之命出使金国的宋使王伦，已经提前得知了金国可能毁约的消息，当即派人密报高宗，请求速调韩世忠、张俊、岳飞和吴玠等诸将，率军镇守河南各处。然而高宗和秦桧唯恐韩世忠、岳飞等大将滋生事端，只派官位较低的刘锜担任东京副留守，率军二万，前往开封府驻扎。

刘锜率领这二万兵马，连同数万随军家眷，一路迤逦北上，于绍兴十年五月，途经京西路顺昌府（今安徽阜阳市），迎头遇上金军南侵的先锋部队，紧接着，完颜宗弼率领的十万大军也到达了顺昌。双方兵力众寡悬殊，高宗得到急报，便令刘锜撤军。

顺昌一带是广阔的平原地区，正利于金军骑兵策马驱驰；而刘锜军队以步兵为主，且有军眷随行，如果撤军，根本不可能逃过金军的追杀。当下刘锜审时度势，决定固守顺昌府，对抗金国的十万大军。

完颜宗弼兵临城下，望着顺昌城单薄残破的城墙，不禁哈哈大笑："这城墙，我用靴尖就能踢倒它！"

顺昌告急，让高宗又想起了战无不胜的岳家军。

接到高宗的手诏，岳飞当即叫来张宪和姚政，命他们率领前军和游奕军作为前锋，火速驰援顺昌。他自己再次写下一份奏章，请求高宗尽早立储，随即率领大军，向顺昌进发。

再说固守在顺昌城中的刘锜大军，却并非像完颜宗弼料想的那样不堪一击。这二万兵马主要来自十多年前威震太行的八字军，骁勇善战。王彦病逝后，这支军队归入刘锜麾下。如今身在险境，退无可退，反倒士气高涨，众将士纷纷献计献策，誓与金军决一死战。

时值六月，天气燠热，刘锜先是派人在金军饮水处投毒，大量金兵中毒，战斗力锐减。刘锜趁机发动进攻，歼灭金军五千多人，伤逾万人。金军大败，只得退回开封府。

岳飞率领大军抵达德安府（今湖北安陆市），得知顺昌之围已解，便命令大军短暂休整。天色向晚，岳飞正要命人掌灯，李若虚大踏步走进营帐。

"恭喜少保！——哎呀，为了道这一声喜，这一路可赶得我好苦！"

岳飞又惊又喜。出师之前，高宗发布诏令，晋升岳飞为正一品的少保。而李若虚此前已离开宣抚司幕府，回临安担任司农少卿，二人已多时未见。今日李若虚突然赶到，当然不可能只为道一声喜，而是必有要事。

见岳飞探询地望着自己，李若虚敛起笑容，正色道："少保，皇上命我来传口谕，兵不可轻动，宜且班师。"

"班师？"岳飞简直以为自己听错了。在命他驰援顺昌的手诏中，高宗要他重兵防守，轻兵择利，在解围之后，可以开进到光州（今河南潢川县）、蔡州一线，部署好防卫，再赶到临安奏事。他明白高宗的言外之意是，光州和蔡州是岳家军此次进军的极限，不要说黄河以北，就连黄河以南的东京开封府、西京河南府和南京应天府，朝廷都准备放弃了。但即便这样，也不至于敌军未退，己方便要撤兵啊！

"金兵虽然暂时自顺昌撤退，但并未收兵过

河，随时都可能南下。大军往返不易，战机稍纵即逝，这时候，怎能退兵？"

李若虚眉头紧皱："少保说的极是。可是——"

"金人狼子野心，掳二圣，杀令弟，真真无所不用其极！北伐大计，已蹉跎三年，这一次，断不可半途而废！"

李若虚闻言，心中一痛。靖康年间，其弟李若水出使金营，正气凛然，以身殉国。

"可是皇上口谕如此啊！不瞒少保说，此番前来传谕，实在是有违我心。"

岳飞想了一想，说道："先前皇上手诏，命我到了光州、蔡州，部署好防卫，便赶去行在奏事。眼下还未到光、蔡二州，不撤兵，也并非违旨啊。"

李若虚眼睛一亮："少保说得对。山水阻隔，皇上虽然圣明，却也难以预知此刻情势。千钧一发，不便回师。大军可继续北上矣。"

岳飞心知，为了大军北伐，李若虚宁愿自己承担下这份矫诏之罪。看着眼前的这位旧日僚属，岳飞的眼睛一阵发潮。他拱手为礼，由衷道："多谢李少卿！"

李若虚拱手还礼："少保忠肝义胆，李若虚又岂是畏首畏尾之人！"

三

岳飞站在地图前。长期的行伍生涯，他早已习惯将扁平的地图视如立体的画面。他的眼睛紧紧盯着开封府，依稀看得见城墙上飘舞的黑色旗帜。在开封府的下方，颍昌府、淮宁府和应天府从西到东，呈半弧形拱卫之势。这四座府城，分别驻守着完颜宗弼率领的金军主力和三支前卫部队。

再说之前作为先锋前去解顺昌之围的张宪和姚政，于六月初抵达光州后，向东北方的顺昌府疾进，中途接到顺昌府传来的捷报，于是转向西北，攻占下蔡州。随即挥师向北，夺取颍昌府城。张宪留姚政的游奕军驻守颍昌，自己则会同已一路攻下鲁山等县的牛皋率领的左军，乘胜东进，势如破竹，一举攻破淮宁府城。

与此同时，王贵率军攻克郑州；郝晸率领中军击败李成，收复西京河南府。短短半个月间，岳家军已经席卷京西，饮马黄河。

面对接二连三的惨败，守在开封城内的完颜宗弼后背阵阵发凉。这时金兵主力已经休整一个多月，又增添了援兵，正值秋高气爽、弓劲马肥的好时候，完颜宗弼决定孤注一掷，率十几万大军，攻打颍昌东南的郾城县（今河南漯河市郾城区）——岳飞的司令部就设在那里。

军情火急。岳家军全军十二军，驻守在郾城的只有完整的背嵬军和少量游奕军，典型的敌众我寡，这仗怎么打？

但岳飞要面对的，不只是来势汹汹的金国骑兵，还有朝廷"立即班师"的诏令。高宗严令，不许同完颜宗弼的主力决战。岳飞感到不解：莫非直到如今，皇帝还在寄望于同金国和谈？

大帐内，众位将领和随军幕僚们的目光，齐齐集聚在岳飞的身上。

"出城列阵，准备迎敌！"岳飞语速平缓，神色却一派严峻。"岳云！"

十二岁即开始从军的岳云如今已长成英武健

壮的青年将领，身经百战。他从队列中闪身而出：
"岳云在！"

"你率背嵬、游奕军，出城迎战。记住，此战只许胜，不许败！作战若不拼命，我先斩你首级！"

岳云领命而去。岳飞转身目注参谋官朱芾："朱参谋，请你即刻起草奏札，告知朝廷今日战势，务必言明眼下不能班师的缘由。"

因为原参谋官薛弼调离，朝廷委派朱芾继任，本意是为了更好地在岳家军中执行朝廷的旨令，但朱芾与岳飞同怀恢复之志，一入幕府，便成为岳飞的得力助手。

当下朱芾颇感意外："少保是说现在？还是属下先行起草，等少保得胜归来，审阅后再交付驿使？"

岳飞明白朱芾想要和自己一起出城迎战，微微一笑："参谋但起草无妨，诸将士已各就其位，你我何必着忙？"

见岳飞如此举重若轻，朱芾暗道一声惭愧，当即沉下心来，不多时起草好了奏札。岳飞看一遍，更动了几个词句，待朱苇誊写完毕，二人相偕起身出城。但见东北方向烟尘滚滚，金军的一万五千余前锋骑兵已席卷而至。

正如岳飞所料，最先赶到郾城的是金军的轻装骑兵。早已等待多时的岳云，挥舞两杆铁锥枪，催马直贯敌阵。铁锥枪这种兵刃，前端是长而锋利的枪尖，四周带棱，在双马相对时的巨大冲击力下，借助马镫的稳定能力，可轻松刺破敌兵的铠甲，最适宜用来对付轻装骑兵。

岳云率骑兵击退金军的第一轮冲锋，第二轮冲锋又接踵而至。紧接着，十几万金军也相继到达，战斗圈不断扩大，一时间，黄尘蔽日，杀声震天。

此时，绝大部分的背嵬军都已随岳云投入战斗，只有四十名背嵬军紧随在岳飞身后，立于指挥台侧，随时听候主帅号令。

眼见战局胶着，岳飞眉头紧锁。突然，他跳下指挥台，一跃上马，便要加入战团。一位僚属见状，赶紧追上前去，一把拉住马头："少保乃是国之重臣，怎能随便以身赴险？"

岳飞神色坚决，用马鞭挑开僚属的手，打马向前。他身旁的四十名背嵬军早已训练有素，见主帅上马，当即也纷纷跳上马背，紧随在主帅左右。岳飞冲到阵前，擎弓在手，左右开弓，多个金军将士应声而倒。

见主帅加入战场，岳家军士气大振。有人高喊："待我活捉兀术，献于少保！"岳飞扭头望去，却见杨再兴冲入敌阵，如猛虎下山，长枪狂舞，接连刺倒十几个金兵。

眼看几十个回合过去，岳家军越战越勇，完颜宗弼心中焦躁已极。要知道，以骑兵作战，本是金军的长项。眼下的战场又是广阔的平原，岳家军没有城墙和山地作为凭依，己方明明占据了天时地利，又是绝对优势兵力，仍然无法取胜，这实在大大超出他的意料。他恼怒地挥挥手，下令祭出最后的杀手锏——铁浮屠和拐子马。

见金军铁浮屠和拐子马上阵，岳飞眉锋一挑，嘴角浮起一丝淡淡的笑意。他挥动令旗，岳家军阵势随之变化，十几架三弓床弩齐发。床弩发射的是重箭，每根箭都如同一杆投枪，可进行远距离杀伤。及至侥幸未被床弩杀伤的铁浮屠和拐子马冲到近前，岳家军步兵以盾牌辅以长枪列阵，迫使铁浮屠和拐子马不得不降低速度。这时，只见岳家军盾牌兵退后，后列步兵如急流而上，手中的麻扎刀、提刀、斧头和铁锤专门冲着金军的马腿招呼。因为铁浮屠是每三匹马用皮索相连，只要一匹马被砍中马腿仆地，另外两匹也随即动弹不得。霎时间，完颜宗弼最引以为傲的铁浮屠和拐子马都乱成一团。

这一战，直打到暮色四合，金军一败涂地，只得仓皇退却。战场上尸横遍野，金军黑色的战旗横七竖八，倒了满地。

四

完颜宗弼受此重挫，仍不甘心失败，率军退到郾城西北方的临颍县（今河南临颍县）。该县城位于颍昌与郾城之间，这样一来，等于切断了岳飞同戍守颍昌的王贵军队的联系。

听探马报来消息，岳飞当即命令岳云："你速率背嵬军八百名骑兵，绕道赶赴颍昌！"

岳云一怔："可是，敌兵在临颍——"

"临颍小城，哪里守得住？眼下最要紧的，是击破敌军！"

随即，岳飞又请朱芾火速修书一封，发给顺昌的刘锜，希望他能够派兵增援。

此时张宪等将领已从淮宁府率军赶到郾城，岳飞命张宪率领背嵬军、游奕军和前军等向临颍县挺进，准备与金军决战。张宪派杨再兴率三百骑兵作为前哨，进行武装侦察。当日秋雨淅沥，杨再兴到达临颍县城南的小商桥附近，迎头撞上一队金军。杨再兴抬手抹一把脸上的雨水，做个手势，三百名骑兵立即列好队形，准备冲杀。杨再兴一马当先，冲向敌阵，三百勇士紧随其后。县城中的金兵闻报，大队人马赶来增援，紧紧围困在杨再兴身边的金兵越来越多，三百勇士渐渐成为惊涛骇浪中的一叶孤舟。金军见己方付出二千余生命的代价，仍无法全歼区区三百名岳家军，索性下令放箭。刹那间，箭矢如雨，杨再兴和三百勇士连人带马，纷纷中箭倒下。秋雨越下越大，雨水混合着鲜血，染红了桥下的小商河。

当夜，张宪见杨再兴的侦察部队无一人返回报告敌情，心知有异，率部紧急行军，天色微明时，赶到小商桥，找到杨再兴的遗体，只见他全身上下，中箭多达三十余支。其状之惨烈，让久经沙场的张宪也忍不住流下眼泪。

张宪一面派人收殓杨再兴等三百壮士的遗体，一面率军攻打临颍县城，誓要为杨再兴报仇雪恨。

饶是张宪半刻未停，到底还是慢了一步。完颜宗弼已率主力北上，兵临颍昌城下，临颍县城中只留下八千金兵。就在张宪一举攻破临颍县城的同时，王贵与岳云也在颍昌城西与完颜宗弼的大军主力交上了手。

颍昌城内虽有岳家军五个军的番号，但只有董先的踏白军是全军，其余如中军、选锋军、背嵬军和游奕军都只是部分兵力。反观金兵摆下的阵势，绵延十余里路，旌旗蔽日，两下里兵力众寡悬殊。

岳云主动请缨，带领八百名背嵬军骑兵率先出击，往返冲锋十几次，八百背嵬军个个战成了血人，方才将金军的第一轮冲锋击退。

金军随即增强兵力，并再次出动拐子马，岳家军仍以步兵对阵。金军兵多势众，岳家军只能以一当十地苦斗，初战告捷的士气开始衰退。在阵前指挥的王贵看得分明，心下不觉有些气馁。怎么办？他打算暂时收兵，等待张宪援军的到来。

一听王贵要收兵回城，正在旁边歇息的岳云大惊："万万不可！敌众我寡，此时一旦退却，就可能士气全失。眼下敌军也是在苦苦支撑，就看谁能坚持到最后一刻。属下不才，愿再赴敌阵！"

王贵看一眼岳云，只见他浑身血渍斑斑，破损的战甲尚未来得及更换，唯有银盔下的一双虎目，犹自炯炯有威。王贵心头一凛，恍惚看见了年轻时的岳飞。他拦住就要出阵的岳云："你且稍作歇息，我自有安排。"说着唤过亲兵："传我号令，命董统制率踏白军出城助战！"

因为虑及金军可能采用声东击西之计，趁城中空虚从其他方向攻打颍昌城，所以王贵命董先和他的踏白军留守城内。眼下城外急需援手，索性背水一战。

正如岳云所说，战局长时间胶着，与岳家军一样，金军将士在体力和精神上的承受力也已接近极限。董先和他的踏白军加入战斗，战局随之扭转，金兵斗志已失，全军溃败。

完颜宗弼没有想到，他筹划已久且占尽天时地利的南下之师，竟然在与岳家军的对阵中接连惨败。从此以后，有一句话在金军中不胫而走：

"撼山易，撼岳家军难！"

五

黄昏，距离开封府不足百里的尉氏县城（今河南尉氏县），老旧的石板路上，一阵急促的马蹄嗒嗒嗒响起。

"闪开！金字牌驿递！"尺余长的朱漆木牌擎在驿卒手上，"御前文字，不得入铺"的金字在斜阳余晖下光辉闪耀。

一队正要去城墙上交接的岳家军兵士停在路边，他们默不作声，甚至没有什么表情，只是以他们彼此间才能觉察的方式，相互传递着不安的眼神——两天来，这种不安的情绪，已经席卷了整个军营。

军营的帅帐内，岳飞默然呆坐，他身旁的烛焰无风而动，映得他的脸色阴晴不定。朱芾和张宪一左一右，分坐在他的下方。王贵和岳云已于四天前率领前锋部队，开赴距离开封四十里地的朱仙镇，一举击溃了驻守在那里的金军。按照原定计划，大军主力本应于今日清晨开拔，会合王贵所部，共同攻打开封。然而，从昨日午时开始接连到达的金字牌驿递，打乱了既定的一切。此刻，他们的目光，就落在桌案上一字排开的这些金字牌驿递上。算上刚刚送到的这一件，不到两昼一夜之间，朝廷竟发来了十二道金字牌诏令。诏令上的措辞一道比一道严厉，而主旨只有一个：立即班师。

烛光在岳飞的眼睑下方投下浓重的阴影。昨宵他几乎彻夜未眠，一颗心如在烈焰上煎熬。此刻，他在心头默算着这些诏令发出的时间：作为等级最高、速度最快的驿递，这十二道金字牌诏令每天传递四百里，从临安到尉氏县，大约需要五日。而自己此前禀报诸战大捷、完颜宗弼已遣送随军眷属渡到黄河以北的奏札，在这些金字牌发出之前，想必已经送到高宗皇帝的手中。种种迹象表明，完颜宗弼对此次南侵的胜利已失去信心，开始计划撤退，这正是一举破敌的良机，为什么皇帝此时却要急令班师？

空气沉闷得简直令人窒息。朱芾下意识地张口喘息，欲言又止。他明白，如此局面，压根没有他置喙的余地。

也不知过了多久，岳飞终于开了口，他的视线穿过那十二道诏令，仿佛对着空茫处说道："着人传令与王提举，让他率部回尉氏县，大军明日休整，后日班师。"

朱芾和张宪同时应了声"是"。朱芾的喉结上下抖动，张宪则双唇紧绷。他们不看岳飞，也刻意回避开彼此的脸。

岳飞缓缓抬起右手，向门口轻微挥了两下，仿佛刚才的那句话，已经耗尽了他的全部气力。

朱芾和张宪拖着沉重的脚步离开。岳飞以掌托额，泪水涔涔而下。他倏然起身，向东南躬身下拜，泣不成声："陛下，你可知道，臣十年之功，毁于一旦，毁于一旦啊！"

冤　狱

一

绍兴十一年（1141）九月的江州，红消翠减，霜染层林。岳飞匆匆用过早膳，便准备出门。昨夜他半梦半醒，睡得颇不沉实。一年前，岳家军不得不率军自尉氏县班师，一路上，京西父老拦在马前，恳求大军留下的哭声犹在耳畔，让他时常彻夜难以安枕。万千感慨如鲠在喉，天色初明，他披衣而起，写就一阕《小重山》。

此刻，他又将这词稿端详一遍，折叠起来，仔细揣好。他要去东林寺拜访老友慧海禅师。

门外脚步声响起，岳云急步而入："父亲，从义郎蒋世雄求见!"

岳飞眉头一皱,他还很少见到长子如此神色惶急。发生了什么事?如今他已不再负责任何军中事务,而且江州与鄂州相距甚远,一个低级军官突然前来求见,此事着实有些奇怪。

半年前,岳飞和张俊、韩世忠三位大将被召到临安,高宗擢升张俊、韩世忠为枢密使,岳飞为枢密副使,要求三人自此入枢密府办公,不再返回各自的宣抚司领兵,实际上等于削夺了三位大将的兵权。紧接着,岳飞、张俊和韩世忠原本统帅的三大宣抚司也被解散,所辖部队的番号尽皆取消,全部冠以"御前"之名,调动权由三省、枢密院和皇帝共同执掌。各部队的"总领"原本就由朝廷直接任命,如今除了掌管钱粮,同时还负责监督和节制诸军。岳家军中,王贵担任鄂州驻扎御前诸军都统制,张宪任副都统制,秦桧的亲信林大声担任总领。对于这些安排,岳飞心如明镜,为了让皇帝安心,也为了避免予人口实,自从离开军队,岳飞很少与昔日的部下往来。而即使是枢密副使这一职务,也已于八月份免除,只保留着少保的虚衔。即使往日在部队中，他与蒋世雄也并不相熟，如今此人为何而来？

蒋世雄面色苍白，因在马上骑乘太久而步履僵硬。这一路他心急如焚，快马加鞭，连人带马，已是疲累不堪。尽管途中已经在心里把要说的事情复述了多遍，但一旦面见往日的主帅，他又觉得自己讲得支离破碎，一团混乱。

在蒋世雄急切的讲述中，岳飞明白了整个事情的来龙去脉——

前军副统制王俊上书控告，称在岳飞被罢免枢密副使之职后，张宪曾告诉自己，岳飞派人捎信前来，要请张宪帮忙，而张宪决定将大军以及随军家眷从鄂州带往襄阳府驻扎，以此逼迫朝廷把军权还给岳飞。这封告首状已于九月八日投呈给王贵，由王贵转交给了总领林大声，而林大声立即以急递发往镇江府的张俊枢密行府。整个事情显然经过周密的策划，因为张宪已于九月一日启程，前往枢密行府参见张俊，对自己被诬告一事一无所知。

王俊？岳飞眉峰一颤，眼前浮现出一张阴鸷的面孔。王俊为人狠戾，像鹰隼捕食般凌厉无情，故而人送外号"王雕儿"。王俊自从加入岳家军后，未立寸功，也从未得到封赏，反倒曾经因为奸贪和失误屡次受到张宪的责罚，他出面诬告，也并不令人感到意外。

听闻蒋世雄急于赶路，早饭还未及吃，岳飞吩咐岳云领他去餐堂吃饭。

这么快就来了吗？曾经用于陷害韩世忠的伎俩，如今依样画葫芦，就要用在自己的身上？想到这里，岳飞的心头打了一个寒颤。

二

担任枢密副使没多久，岳飞就奉命与张俊一起前往淮东检阅部队，布置战备。淮东一直是韩世忠负责的防区，驻扎在此的部队，就是原来韩世忠麾下的韩家军。布置淮东战备，为什么偏要将韩世忠单独撇下呢？

出发之前，秦桧召见张俊和岳飞，面授机宜，要他们到楚州后，收集韩世忠这些年来的错失和隐私等证据，末了，还提醒说，到了淮东要注意安全，防范韩家军闹事。

堂堂宰相，就是这样在背后算计一位为国家立下汗马功劳的大将吗？岳飞当场回绝："韩世忠既然已擢为枢密使，如今淮东的军队就是国家的军队，丞相何必如此多虑？至于收集揭发同僚隐私，这可不是岳飞的长项。"

到了楚州，岳飞才得知，秦桧的那番话并非说说而已，而是早有布置。

两年前，韩世忠因为反对与金国议和，曾设计欲刺杀金国来使，但因部下胡纺向秦桧告密，未能成功。胡纺早年以巴结韩世忠的亲信耿著而步步高升，如今攀附上秦桧，便依照秦桧的吩咐，诬告耿著在军中散布谣言，说朝廷派张俊和岳飞二位枢密使来到楚州，就是要肢解韩家军等等，用这些谣言蛊惑众人，谋划请韩世忠重掌兵权。秦桧已将耿著逮捕，严刑逼供，想让耿著供认韩世忠谋反。

岳飞这一惊非同小可，赶紧修书一封，命人火速送到韩世忠手中。韩世忠见信，知道性命攸关，当即入宫朝见高宗，先是大骂有人对他栽赃陷害，而后跪伏痛哭，请高宗为他做主。当年苗刘之变时，韩世忠曾救驾有功，高宗本也无意杀他，如今眼见他如此，便示意秦桧，耿著一案不得株连韩世忠。秦桧的一番谋划落了空，只得将耿著流放了事。

这边张俊和岳飞检点楚州的军籍名册与武器装备，原来楚州城中的韩家军竟然只有三万人。想到韩世忠仅仅以这三万人的部队，却是能攻能守，令金军十几年皆无法越雷池一步，岳飞不由得暗自钦佩。那些将士们还告诉岳飞，当年韩世忠率军入驻楚州之时，整个楚州因久经战火，瓦砾遍地，韩世忠与其夫人梁红玉亲自与兵士们一起担土挑水，可谓筚路蓝缕，一点点建起了这座城池。如今楚州城内储备有九十万石米、百万贯钱，军需充足，装备精良，即使韩世忠本人已离开楚州，但军中人等各司其职，整肃有序，可见其治军有方。

"韩枢密使当真不是等闲人啊！"岳飞忍不住击掌赞叹。

张俊看了岳飞一眼，不置一词。

只剩下二人独处时，张俊这才告诉岳飞，他们此行的任务是要肢解韩家军，将主力从楚州后撤到镇江，淮河以北的海州城也要拆毁，百姓南迁。因为金国一直反对南宋在两淮前沿布置重兵，高宗皇帝要以此来表达议和的"诚意"。

虽然此前已隐有预感，但此时听张俊直言不讳地讲出来，岳飞还是觉得异常刺耳。他明白，张俊此时已投靠在秦桧门下，成了秦桧眼前的红人，这一切不仅经过严密谋划，还得到了高宗皇帝的首肯。张俊的枢密行府将设立于镇江，此后，对于韩家军主力，张俊可以就近指挥，相当于变相重掌兵权。

作为副职，岳飞无法违逆朝廷的旨意，阻止张俊下令撤出楚州的军队和拆毁海州城。他深感自己无能为力，也知道今后难以与张俊共事，所以，一回到临安，就向高宗请求辞去枢密副使，解甲归田。

三

送走蒋世雄，岳飞回到书房，慢慢地坐下来，自怀中取出那阕《小重山》：

昨夜寒蛩不住鸣，惊回千里梦，已三更。起来独自绕阶行。人悄悄，帘外月胧明。

白首为功名，旧山松竹老，阻归程。欲将心事付瑶琴。知音少，弦断有谁听？

知音少，弦已断。慧海禅师虽是难得的知音，但此时此境，反倒不该前去相扰，以免牵连。

要来的很快就来了。已升任殿前都指挥使的杨沂中来到江州，虽然他带来的省札只是召岳飞和岳云赴临安，但岳飞明白，此去凶多吉少。他安慰惴惴不安的李娃："莫怕，清者自清，浊者自浊，等我去证明清白，很快就回来。"

岳飞哪里知道，他的生死，已经成为宋金议和的砝码之一。完颜宗弼在写给秦桧的信中，明确要求南宋朝廷必须杀死岳飞，金国才肯进行和议。

岳飞也没有想到，等待他的并不是大理寺，而是高宗下诏特设的诏狱。诏狱是罕见的大狱，特设制勘院，由御史中丞何铸担任主审，专门审理岳飞一案。

何铸将王俊的告首状掷在岳飞脚下，岳飞拾起来，强按心头的激动和愤怒，逐字看去。这封首告状很长，乍看之下似乎言之凿凿，但诸多细节却又破绽百出。看到最后，只见末尾处，王俊又用小字附了一则说明，大意是他并未亲眼看到岳飞派去的人来到张宪府上，也没有看到张宪派人去岳飞处。显然，王俊写了这封首告状后又感到心虚，而特意为自己留下一条后路。

岳飞当即指出告首状中的多处漏洞：一则，张宪一向鄙视王俊的为人，曾多次责罚王俊，以张宪沉着审慎的个性，这样谋逆的大事，怎么可能说与王俊知道？二则，状中称张宪与王俊的对话是在八月二十二日夜间，而岳飞被罢枢密副使是在八月九日，临安与鄂州相距遥远，派人传递信件至少也需要二十天，即使是用金字牌驿递，也需要十天，但金字牌驿递只有皇帝才有权使用，当时已经退闲的岳飞更是无权动用。那么张宪怎么可能在八月二十二日就收到了岳云所写的关于岳飞被罢官的信件？……

他讲起自己从军的经历，讲起尉氏县班师时心中的惨痛，讲到激动处，岳飞一把扯开衣襟，袒露

讲到激动处，岳飞一把扯开衣襟，袒露出后背。

出后背。只见"尽忠报国"四个青蓝色的大字，深入肌肤，触目惊心。

作为主审官的何铸，原本由衷地相信秦桧所言，认定岳飞确有不臣之心，如今他恍然明白，自己先前的偏见大错特错——岳飞是无辜的！讯问结束，他匆匆去见秦桧，告知审讯的结果。听何铸说"岳飞无罪"，秦桧摇摇头，只得对这个昔日的得意门生摊开了底牌："你不晓得，这是皇上的意思！"

但何铸仍想为岳飞据理力争。秦桧怜悯地看了他一眼，转身进了内室。

岳飞"谋反"一案，高宗已下令公开"榜示"，一时间，朝野震惊。已经退闲的韩世忠，因深知官场险恶，退闲后便杜门谢客，深居简出。如今他再也坐不住了，他赶到秦桧的府上，质问岳飞到底因何罪被关押审问。

秦桧呵呵一笑："这些谋反的书信虽然没有找到，但此事也莫须有。"

听到这里，韩世忠已然明白，岳飞被人陷害，已是无从挽回。他满腔悲愤，仰天长笑："这'莫须有'三个字，如何能让天下人心服口服！"

四

何铸不肯做陷害岳飞的帮凶，被免去御史中丞和主审官，改由万俟卨取而代之。

万俟卨曾担任荆湖北路转运判官和提点刑狱，与岳飞有过工作接触。岳飞向来敬重士人，但对万俟卨之类的小人则一向不假辞色，万俟卨因而怀恨在心。当岳飞和张俊从楚州回到临安之时，万俟卨便上书弹劾岳飞。如今他将当初的弹劾条文又翻检出来，务必要将岳飞定成死罪。

尽管岳飞、岳云和张宪受尽酷刑仍不肯招认，尽管所有的证据都子虚乌有，但在秦桧的授意下，万俟卨仍为岳飞罗列出三条罪状：

第一条：岳飞和岳云分别写信给王贵和张宪，策动他们谋反；

第二条：淮西之战时，岳飞逗留不前；

第三条：有人告发说，岳飞当时被授节度使时曾口出狂言，称自己与太祖皇帝一样，三十岁建节。

第一条罪状中的书信，说是王贵和张宪收到时即已烧掉了；第二条是在有明确的大军行程和命令往来日期的情况下，强行诬陷定罪；第三条更是欲加之罪，何患无词。

听万俟卨读完这三条罪状，岳飞怒极反笑。

他想起九个月之前的那场淮西之战，那是他今生最后一次领兵出征。当时完颜宗弼南下攻打淮西，而淮西是张俊的防区，驻扎有八万张家军。完颜宗弼虽然号称十三万大军，实际上只有九万余人。高宗接到金兵攻打淮西的消息后，当即急令杨沂中率三万人、刘锜率二万人驰援，同时诏令岳飞率军支援淮西。

其实早在高宗下令之前，时刻关注着金军动向的岳飞，已经收到了金兵将要渡过淮河南下的谍报，他分析完颜宗弼极有可能进攻淮西重镇寿春，便连夜起草奏札，拟定出一套抗击金军的策略，派人送往临安，然而这奏札如泥牛入海，杳无回音。他没有放弃，再次上奏，提出了两条方案：一是趁金兵主力南下、老巢空虚之时，采取围魏救赵之策，突袭开封和洛阳；二是不经由江州，而是改道黄州和蕲州，绕至金军的后方，从而形成南北合围之势，尽歼敌军。而经由江州的这条路线世人皆知，金军极有可能派兵在路上阻截。

这一次他收到了回复，高宗同意了第二条方案。于是岳飞率军出发，奔赴淮西。那时他正患着重感冒，一路上咳嗽得厉害，还发着高烧。

行军途中，军报传来，金军果然率先攻占了寿春，接着又占领了庐州。但随即张俊麾下的将领王德与杨沂中、刘锜会师，在柘皋大败金军，又一举夺回了庐州。

岳飞派人联系张俊，咨询下一步的安排。张俊回复说，金军已败退渡淮，而且己方军队粮草缺乏，让岳飞不必行军。岳飞深知这位老上司的为人做派，明白张俊见胜利在望，唯恐被旁人抢了头功。他只得上报朝廷，听候调遣。

不料，急于争功的张俊，中了金军的空城计。金军假意撤出了濠州，等杨沂中和王德所部进入城中，便一拥而入，宋军登时大乱，几近全军覆没。

岳飞得报，赶紧传令部队加速开进，然而远水不解近渴，几天后败报再度传来：张俊与刘锜早已拔营南撤，致使前去增援的韩世忠孤立无援，也吃了败仗。岳飞紧赶慢赶，抵达濠州以南的定远县时，金兵听闻岳家军赶到，立即望风北撤。

他好恨。如果不是在尉氏县连续接到十二道金字牌的班师诏令，如果朝廷肯按照他提出的上策，长驱开封和洛阳攻其必救，怎么会有这样可笑的败仗？

他好恨。指挥失误导致大量将士阵亡的人不曾受到一丝责罚，反倒是他，被冠以"逗留不前"的死罪。

他好恨。这一生，他只想要尽忠报国，然而一腔热血，不曾泼洒在中原的疆场，却要在这莫须有的诏狱之中慢慢冷却。

冬日的临安，湿冷侵入骨髓。岳飞呆呆地默想良久，提起笔来，在让他签字画押的狱状末尾，写下八个大字："天日昭昭，天日昭昭！"

绍兴十一年十二月二十九日（1142年1月27

日），三十九岁的岳飞沐浴之后，被猛击胸肋而死。同一天，张宪和岳云被押赴临安街头，枭首示众。

岳飞死后六十二年，宋宁宗追封其为鄂王。

岳飞死后八十三年，宋理宗改谥其"忠武"。

岳 飞
生平简表

● ◎ 宋徽宗崇宁二年（1103）

二月二十五日，出生于河北西路相州汤阴县永和乡孝悌里。

● ◎ 宣和四年（1122）

二十岁应募敢战士。平定盗匪陶俊、贾进。

父亲岳和病故，回乡守孝。

● ◎ 宣和六年（1124）

二十二岁再次应募从军，升为偏校。

●◎宋钦宗靖康元年（1126）

六月，往寿阳、榆次方向武装侦察。

十月，平定军陷落，返回故乡汤阴。

冬，往相州从军。在侍御林、滑州等地立功。

跟随康王赵构抵达北京大名府。初隶宗泽。

●◎宋高宗建炎元年（1127）

正月到二月，先后与金兵在开德府和曹州作战。

四月，随康王赵构抵达南京应天府。

上书建议收复失地，被革职。

八月，往北京大名府投奔张所，充中军统领，后升统制。

九月，跟随王彦转战新乡县，后孤军苦战于太行山区。

冬，脱离王彦投奔宗泽。十二月，战于汜水关，升统领。

●◎建炎二年（1128）

春，战于滑州。

七月，驻扎西京河南府，守卫皇陵。

八月，战于汜水关、竹芦渡。

●◎建炎三年（1129）

七月，随杜充撤至建康府。

十一月，随陈淬在马家渡迎击金兵，战败。

十二月，南下广德军，克复溧阳县。

●◎建炎四年（1130）

二月，进驻宜兴县。

三月，战于常州。

四、五月间，收复建康府。

七月，升任通泰镇抚使，兼知泰州。

九月，战于承州。

十一月，苦战后被迫放弃泰州。

●◎绍兴元年（1131）

三月至六月，在江西击败李成，降伏张用。

七月，任神武右副军统制，驻扎洪州。

十二月，升神武副军都统制。

●◎绍兴二年（1132）

四月至五月，击破曹成。

七月，驻扎江州。

●◎绍兴三年（1133）

夏，平定吉州、虔州叛乱。

九月，赴行在临安府朝见，改任江南西路、舒、蕲州制置使。

●◎绍兴四年（1134）

五月至七月，收复襄汉六郡，移屯鄂州。

八月，授清远军节度使，荆湖北路、荆、襄、潭州制置使。

十二月，驰援淮西，战于庐州。

●◎绍兴五年（1135）

三十三岁升镇宁、崇信军节度使，升神武后军都统制，改任荆湖南、北路、襄阳府路制置使。

四月至六月，平定杨幺叛乱。

九月，加检校少保荣衔。

十二月，因荆湖南路已经平定，改任荆湖北路、襄阳府路招
讨使。

●◎绍兴六年（1136）

二月，赴镇江府商讨军事，前往临安朝见。

三月，升任荆湖北路、京西南路宣抚副使。母亲姚氏病故。

七、八月间，收复商州、虢州等地。

十月，再次驰援淮西。

十一月、十二月，击败金、齐联军。

●◎绍兴七年（1137）

二月赴行在平江府朝见，加正二品太尉衔，升宣抚使。

四月至六月，愤而辞职，受命返鄂州复职。

秋，因淮西兵变，驻兵江州。赴行在建康府朝见，建议立储。

●◎绍兴八年（1138）

屡次上奏，恳请北伐。

九月，赴临安朝见，反对降金乞和。

●◎绍兴九年（1139）

四月，派兵护送齐安郡王北上祭扫西京河南府的八座皇陵。

九月、十月，赴临安府朝见。

●◎绍兴十年（1140）

夏秋之际，连复蔡州、颍昌府、淮宁府、郑州等地，进军朱仙镇，奉诏班师。

八月，赴临安府朝见。

●◎绍兴十一年（1141）

二月、三月，再援淮西。

四月，授枢密副使，罢兵权。

五月、六月，出使楚州，营救韩世忠。

八月，罢枢密副使。

十月，入大理寺狱。

十二月二十九日，遇害于狱中，时年三十九岁。

●◎绍兴三十二年（1162）

七月，宋孝宗诏令平反，追复原官，以礼改葬。

●◎淳熙五年（1178）

赐"武穆"谥号。

●◎宋宁宗嘉泰四年（1204）

追封为鄂王。

🔲 中华书局

初版责编　朱　玲　董邦冠